Labatt's
GOODYEAR
CAMEL
CAMEL
Canon
RENAULT
elf
2
GOODYEAR
Canon
GOODYEAR
Canon

ISBN 2-7021-2247-7
N° éditeur : 11954/01
Dépôt légal : novembre 1993

Imprimé en Espagne

FORMULE 1
GRANDS PRIX 1993

Lionel Froissart

Photographies : Jean-Marc Loubat

Calmann-Lévy

SOMMAIRE

L'ORAGE
S'EST ÉLOIGNÉ.
LA LUMIÈRE
DU COUCHANT
S'EST DORÉE.
SUR LA PLUS
HAUTE MARCHE
DU PODIUM,
ALAIN PROST
RAYONNE.
IL S'EST IMPOSÉ
DANS LE GRAND
PRIX D'AFRIQUE
DU SUD,
LE PREMIER
DE LA SAISON,
APRÈS UNE COURSE
ÂPRE. POUR LUI,
CE SUCCÈS A UNE
SIGNIFICATION
QUI VAUT PLUS
QU'UNE SIMPLE
VICTOIRE,
QU'UNE LIGNE
DE PLUS SUR
UN PALMARÈS
DÉJÀ RESPECTABLE.

En l'espace de trois jours d'une compétition acharnée, Alain Prost balaye les nuages de son esprit et les doutes qui les accompagnaient.

ALAIN PROST EFFACE SES DOUTES

GRAND PRIX D'AFRIQUE DU SUD - KYALAMI - 14 MARS

Le numéro zéro est un leurre. A l'aube du nouveau championnat, l'équipe Williams-Renault est présentée comme la favorite du plateau.

Alain Prost est revenu et il a vaincu. Après une (petite) année sabbatique, le meilleur pilote français de tous les temps n'a écouté que sa passion pour courir chez Williams-Renault. Dix ans après son titre raté avec Renault (à Kyalami justement), Prost repart en campagne. Il a pour objectif de s'octroyer une quatrième couronne pour être en paix avec lui-même. Après seulement, il songera à rejoindre Juan Manuel Fangio sur les tablettes. Mais, pour l'instant, les cinq couronnes ne le font pas rêver. Il a bien d'autres soucis. Depuis qu'il a officialisé son retour en F1 au début de l'hiver précédent, Prost n'a pas eu une minute de repos. Il a bien sûr procédé à d'innombrables essais avec son équipe. Ces séances de travail l'ont rassuré sur les possibilités de son matériel, mais Prost – l'angoissé chronique – avait besoin de la confrontation directe avec ses adversaires pour jauger son potentiel. Alors qu'il était en réserve de la Formule 1, celle-ci n'a cessé d'évoluer sur le plan technique et le champion français a découvert toute une panoplie de nouveautés techniques, d'aides à la conduite comme l'antipatinage, les boîtes de vitesses presque entièrement automatisées et une foule de gadgets électroniques censés rendre les monoplaces encore plus compétitives.

Prost a construit une partie de sa réputation sur sa grande maîtrise de la technique et de la mise au point. Curieux et passionné, le pilote Williams-Renault ne se fait pas de souci de ce côté-là. En débarquant sur le circuit de Kyalami, il était surtout curieux de jauger avec précision sa motivation. Travailler en toute sérénité sur un programme d'essais pendant l'hiver, c'est une chose. Sortir la grande attaque pour contrer un Senna ou un Schumacher, voire un équipier ultra-rapide, est une autre affaire.

En fait, alors qu'il débarque sur le plateau de Johannesburg, Prost a besoin d'être rassuré. L'espace d'un week-end, il met de côté ses ennuis avec la Fédération internationale du sport automobile. Pour s'être livré un peu trop franchement lors d'une interview, et pour avoir dit ce qu'il pensait des méthodes appliquées par les responsables du sport automobile mondial, Alain Prost est placé sous la pire des menaces. Il est question de lui suspendre sa superlicence pour une ou plusieurs courses. Cette éventualité fait peur, car si elle se confirme, il est certain que Prost renoncera à la F1 et à la compétition. Plus sournoisement, Bernie Ecclestone, qui a la responsabilité commerciale de la F1, craint la supériorité du trio Prost-Williams-Renault, qui enlèverait tout suspense au championnat 1993. Dans ces conditions, l'intérêt manifesté depuis plusieurs saisons par les télévisions du monde entier tomberait rapidement, induisant alors un énorme manque à gagner financier. Et de cela, Ecclestone ne veut pas entendre parler. Une fois de plus, la saison de Formule 1 prend son envol dans la douleur. S'ajoute au feuilleton Prost celui entretenu par Ayrton Senna, qui ne s'est pas engagé pour la totalité du championnat.

Hormis ces incertitudes, il y a foule devant le stand Williams à l'heure des premiers essais. Tout le monde veut assister à la mise en route d'Alain Prost. Habituellement décontracté, la vedette de l'écurie franco-britannique ne peut pas dissimuler sa nervosité. La peur de mal faire, de ne pas être tout à fait dans le coup. Alain Prost se sent dans la peau d'un débutant. Il ne connaît pas le tracé du circuit de Kyalami, qui a été entièrement refait depuis sa dernière visite en 1985. C'est un détail. Prost se donne une dizaine de tours pour en connaître toutes les subtilités. La veille, à l'occasion d'une conférence de presse, Alain Prost a lancé comme une boutade, et pour mieux se convaincre, qu'il se sentait encore plus fort. C'est bien possible. Il a sans doute gagné une nouvelle philosophie en arrêtant de courir pendant une saison. Et, comme on ne perd pas son coup de volant en quelques mois, Alain Prost est logiquement le favori du championnat. Lui seul refuse cette évidence. Il tente simplement de communiquer sa prudence légendaire.

Pourtant, à l'issue des essais du Grand Prix d'Afrique du Sud, Prost affiche enfin son fameux sourire malicieux. Obtenir la première pole position de la saison n'a pas été facile, mais il sait exactement où il en est. Il partage la première ligne avec Ayrton Senna, très en verve au volant d'une McLaren propulsée par un modeste Ford V8. Schumacher et Hill ne sont pas loin, et cette hiérarchie préfigure en fait ce que sera le championnat 1993. Reste la course pour effacer les derniers doutes du "revenant".

Alors que le premier feu vert de la saison s'allume, Prost marque une hésitation, laissant ainsi filer Senna et Hill devant lui. Avec ce petit incident, Prost se prépare un après-midi difficile. La première émotion est provoquée par Damon Hill qui se laisse emporter par son élan dans le premier virage. En perdition, il manque de percuter Prost, qui est obligé de laisser passer Schumacher. Le Français est pourtant déterminé à vaincre. Prendre le meilleur sur la Benetton de l'Allemand n'est qu'un épisode, doubler Senna qui est au commandement lui réclame plus de dix tours d'une terrible bataille et une prise de risques absolue. Une défaillance électronique sur la suspension de la McLaren lui facilite la tâche. Senna lève le pied. Une fois en tête de la course, Alain Prost creuse l'écart. Il n'a plus d'adversaire, sinon un méchant orage en fin de Grand Prix. A deux tours de l'arrivée, des trombes d'eau noient la piste. Malgré cette colère du ciel, Prost remporte sa première course au volant d'une Williams-Renault. Il n'a pas manqué son retour.

Les présentations sont faites entre Frank Williams, le patron, Patrick Head, l'ingénieur en chef, et les pilotes maison, Damon Hill et Alain Prost.

PODIUM : A. PROST, A. SENNA, M. BLUNDELL

La saison ne pouvait pas plus mal commencer pour Yvan Capelli, victime d'un gros accident au début du premier Grand Prix.

Songeur, le ténébreux Aguri Suzuki sait qu'il doit reconstruire en 1993 une réputation quelque peu entamée.

La quantité de pneumatiques utilisés par les pilotes étant désormais limitée, chaque roue est marquée.

Quelques groupies très couleur locale.

Finalement, il est venu. Le Brésilien Ayrton Senna est l'engagé de dernière minute, ce qui impose quelques tardifs travaux de couture (page de droite).

IL Y A ENCORE QUELQUES ANNÉES, LE CIRCUIT D'INTERLAGOS ÉTAIT PRESQUE À LA CAMPAGNE, TRACÉ AU MILIEU DE PETITS LACS, COMME SON NOM L'INDIQUE. AUJOURD'HUI, L'AUTODROME PAULISTE EST NOYÉ DANS UNE ZONE QUI S'EST URBANISÉE À UNE VITESSE ACCÉLÉRÉE. MAIS IL Y A UNE CHOSE QUI NE CHANGE PAS DANS CE FAUBOURG DE SÃO PAULO, C'EST LA MÉTÉO VERSATILE, SURTOUT À CETTE ÉPOQUE DE L'ANNÉE.

Encore une fois, les orages tropicaux sont venus au secours de Senna devant les siens, en transe.

AIDE-TOI, LE CIEL T'AIDERA

GRAND PRIX DU BRESIL - INTERLAGOS - 28 MARS

Dans l'hémisphère Sud, le Grand Prix du Brésil est organisé à la fin de l'été. Une saison où les orages tropicaux sont fréquents, violents et soudains.
Alors qu'il est installé sur la deuxième ligne de "son" Grand Prix national derrière les intouchables Williams-Renault, Ayrton Senna cherche la concentration. Il essaie de ne pas se laisser gagner par la fièvre qui fait bouillir la tribune située sur la droite, à quelques mètres de lui. Tout un peuple est venu l'encourager, et Senna fait un effort surhumain pour ne pas être submergé par l'émotion. Il cède cependant à la pression populaire et tourne son casque jaune vers la foule en délire. Il lui adresse lentement un geste de la main. C'est l'explosion de joie. La *batucada* redouble d'enthousiasme et de sonorité. Senna plonge à nouveau dans sa concentration. Il n'en sortira plus avant la fin de la course. Il sait que ses chances de gagner sont très réduites dans des conditions normales. Alors, il songe aux éléments. Eux seuls peuvent lui venir en aide. La journée de samedi a été maussade et les pluies se sont prolongées tard dans la nuit. Mais, pour l'instant, c'est un ciel dégagé qui domine. Simplement, il règne une chaleur lourde et poisseuse qui annonce l'arrivée probable d'un orage. Les fins d'après-midi sont propices à ces douches miraculeuses, et Senna se dit : pourquoi pas? La procédure de départ s'accélère. A cinq minutes du feu vert, l'évacuation de la piste est réclamée. A trois minutes, les pilotes sont seuls à bord, et quelques mécaniciens sont prêts à intervenir pour la mise en route du moteur. Au panneau trente secondes, le bruit des moteurs claque au-dessus du circuit. Puis les vingt-cinq monoplaces sont lâchées pour le tour de formation. C'est l'auteur de la pole position (Alain Prost) qui dicte le rythme. Enfin, le convoi revient sur la grille, et le starter attend qu'un drapeau vert soit agité derrière le dernier concurrent avant de procéder à l'allumage du feu rouge, puis du vert quelques secondes plus tard. Dès cet instant, la course ne peut plus être arrêtée, sauf si un accrochage important obstrue la totalité de la piste et empêche les monoplaces de s'infiltrer. C'est une des nouvelles règles des Grands Prix depuis quelques mois. La priorité est ainsi donnée au spectacle. Pour ce deuxième départ de la saison, le jeune Américain Michael Andretti se fait encore remarquer en envoyant Berger dans le décor. Devant, tout s'est bien passé, et Prost est en tête devant Senna qui se fait rapidement déborder par Hill.
La physionomie de la course est sans surprise. Pour l'instant. De grosses gouttes de pluie font leur apparition, mais elles sont encore suffisamment espacées pour ne pas représenter un danger. C'est au tour des contrôleurs sportifs de la FISA de se mettre en action. Erik Comas est informé qu'il est pénalisé pour avoir doublé sous le drapeau jaune, ce qui est formellement interdit. La procédure est alors très simple. Le directeur de course prend connaissance de la sanction et en informe le chef d'équipe concerné. Dès lors, celui-ci a trois tours pour faire comprendre à son pilote qu'il doit stopper dans la zone des stands. Comas s'exécute. Il rentre au stand, file vers l'emplacement prévu par la FISA. Comas a sous les yeux une énorme pendule sur laquelle défilent les dix secondes de pénalité. A zéro, il repart dans le nuage de fumée dégagé par le patinage de ses roues arrière. Entre l'entrée dans les stands et la sortie, Comas a perdu plus de quarante secondes quand il reprend la piste. Le Français n'est pas le seul concerné dans cette galère. Le duel

Une première en Formule 1, l'intervention d'une voiture de sécurité pour neutraliser la course. Au Brésil, les intempéries ont imposé cette nouveauté.

PODIUM : A. SENNA, D. HILL, M. SCHUMACHER

Page de droite : Damon Hill, fragile leader, va bientôt succomber sous la pression de Senna.

Canon

Michael Schumacher cherche la concentration à l'écart d'un public bruyant et enthousiaste.

entre Senna et Schumacher est interrompu quand le Brésilien est lui aussi pénalisé, à domicile ! Peu après, un phénomène incroyable se produit. Il pleut très fort dans le fond du circuit, alors que la piste est encore sèche devant les stands. Les mécaniciens ne comprennent pas tout de suite l'étrange retard des pilotes à chaque passage.

Les plus prompts à réagir décident de procéder à un changement de pneumatiques. Hill et Senna sont de ceux-là. Enfin, les éléments se déchaînent vraiment. C'est un mur d'eau qui tombe sur Interlagos. Sur la piste, c'est la débâcle, et pour la première fois dans l'histoire des Grands Prix de Formule 1, une voiture de sécurité intervient, ce que les Américains nomment le *pace car*. Elle va se positionner devant le leader pour lui imposer un rythme lent, le temps que la piste soit à nouveau praticable et surtout que les commissaires dégagent les épaves des voitures accidentées à cause du ruissellement de l'eau dans certaines portions de la piste. Comme prévu dans le règlement, il n'est plus question d'interrompre la course, alors, on la neutralise. Alain Prost, qui était en tête de la course, n'a pas eu l'opportunité de profiter de ce ralentissement imposé. Il a trop tardé à faire changer ses pneus slicks pour des sculptés et vient de se faire piéger par le phénomène d'aquaplaning. Damon Hill prend le relais en tête. Mais, quand la voiture de sécurité s'efface après sept tours au ralenti, le Britannique ne pèse pas lourd face à Senna, transcendé devant son public et déchaîné sur une piste piégeuse comme il les aime. Malgré un léger détour dans l'herbe au moment de la neutralisation, le pilote McLaren n'a rien perdu de son agressivité. Il sait qu'il doit faire le break avant que la piste ne sèche à nouveau. Ainsi, il se met à l'abri d'un éventuel retour de Hill. De toute façon, l'Anglais est assommé et préfère assurer sa deuxième place. Pour Senna, l'heure du triomphe a sonné. Il s'est joué des éléments et des règlements de la FISA. Le voilà en tête du championnat du monde.

Une broche en l'honneur d'une fameuse brochette.

Avec seulement quatre Grands Prix à son actif, Damon Hill manque encore un peu de vitamines.

Les *bombeiros* interviennent après l'accident de Michael Andretti et Gerhard Berger au départ du Grand Prix.

Michael Schumacher et Damon Hill se congratulent sur le podium (ci-dessus), laissant Ayrton Senna jouir de sa victoire à domicile (ci-contre).

Double page suivante : Alain Prost n'est pas sorti intact de la violente lumière pauliste.

POUR UN TOUR D'ÉTERNITÉ

GRAND PRIX D'EUROPE - DONINGTON - 11 AVRIL

AYRTON SENNA A PRIS POUR HABITUDE DE NE – PRESQUE – JAMAIS SORTIR DE SA MONOPLACE QUAND IL VIENT SE RANGER SUR LA GRILLE DE DÉPART D'UN GRAND PRIX. ET CE N'EST PAS AUJOURD'HUI QU'IL RISQUE DE DÉROGER À CETTE RÈGLE.

C'est dans la folie du premier tour que Senna, le "maître nageur", a construit une des plus belles victoires de sa carrière.

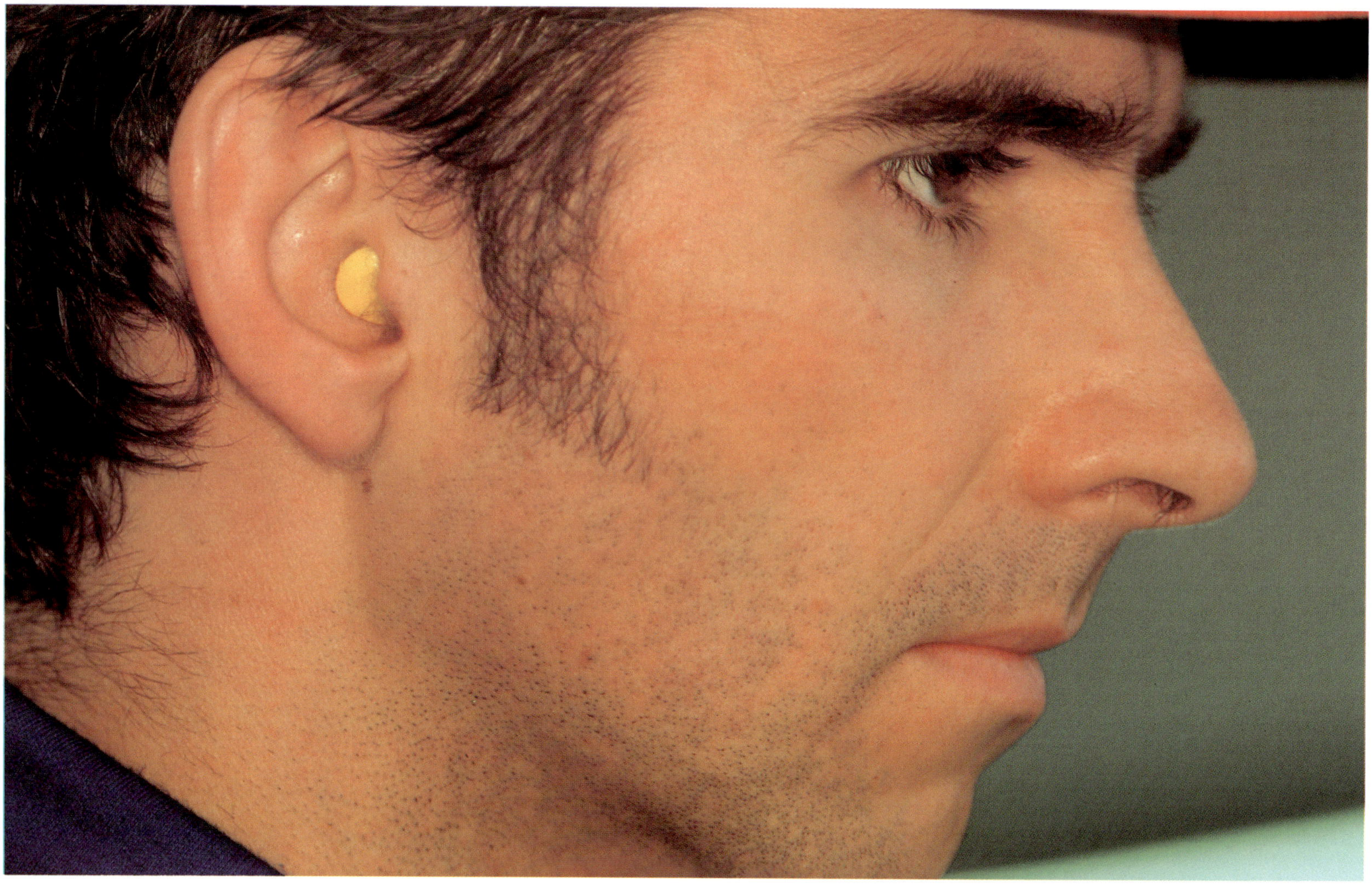

Damon Hill est conscient qu'il ne doit pas décevoir un public qui rêve encore des exploits de Nigel Mansell.

La grisaille de Donington n'a été déchirée que par l'éclair de génie de Senna.

Dehors, il fait froid, gris, et la pluie, qui a détrempé la piste de Donington le matin, menace à nouveau. Sanglé et casqué, Senna se sent bien à bord de sa McLaren-Ford. C'est maintenant qu'il puise au plus profond de lui-même la concentration nécessaire pour affronter les éléments et ses adversaires. Derrière son regard absent défilent les virages du circuit britannique. Ayrton fait le point sur les réglages qu'il a adoptés. Il s'imprègne de tous ces paramètres pour mieux faire corps avec sa machine. Il ne se laisse pas gagner par l'agitation ambiante. Devant lui sur la grille, il y a les deux Williams-Renault. Il regrette de ne pas avoir confirmé le samedi le meilleur temps qu'il avait signé lors des séances d'essais du vendredi. Partir en deuxième ligne sur cette piste piégeuse n'est vraiment pas un cadeau. Un mouvement de foule devant le capot de sa machine signale l'arrivée de la princesse Diania Spencer sur la grille. Elle vient encourager Damon Hill, mais lui non plus n'est pas sorti de sa voiture. Un doux souvenir traverse l'esprit de Senna. C'est sur ce petit circuit qu'il a essayé pour la première fois de sa vie une Formule 1. C'était il y a tout juste dix ans, lorsque Frank Williams avait convié le jeune espoir brésilien à une séance d'essais.

Senna revient à des considérations plus immédiates. Il connaît parfaitement la situation. Il laisse son regard vagabonder vers le ciel complètement bouché. Tous ses espoir reposent sur le retour de la pluie. Sur une piste sèche, il sait qu'il ne peut pas lutter avec les Williams de Prost et de Hill. Senna veut frapper fort en début de course.

Lors du tour de chauffe, il repère les endroits pour un éventuel dépassement. Le problème, c'est que seule la trajectoire idéale apparaît comme praticable. Le pilote McLaren s'en remet à son instinct. Sur ce circuit jugé dangereux par tous les pilotes et dans ces conditions exécrables, la tension du départ est encore plus grande. Les vingt-quatre voitures qualifiées viennent se ranger doucement sur la grille. Senna effectue un essai d'accélération, puis s'arrête sur son emplacement. Au point mort, il attend le dernier moment et l'allumage du feu rouge pour enclencher la première et faire grimper le régime moteur au-delà de 10 000 tr/min. A l'instant précis où le feu vert lâche le peloton, Ayrton laisse patiner ses roues une fraction de seconde de trop, c'est suffisant pour que Wendlinger, pourtant qualifié derrière lui, le passe avant le premier virage. Ayrton Senna est cinquième, mais pas pour longtemps. Il plonge à l'intérieur de la première courbe après les stands et passe la Benetton de Schumacher. En une fraction de seconde, il décide de porter une attaque sur Wendlinger dans le grand virage qui commande la descente vers Cranes Curves. A l'extérieur de la trajectoire et avec le plein d'essence, cette manœuvre relève du funambulisme. La McLaren semble flotter sur la fine pellicule d'eau qui recouvre la piste. Senna est déjà au contact de la Williams-Renault de Damon Hill, pourtant à l'aise sur les pistes humides. Il n'y a pas de round d'observation. A l'approche de McLeans Corner, la McLaren est blottie derrière la Williams. Grâce à son incroyable feeling, Senna met exactement les roues de sa machine où il faut. Il trouve la meilleure motricité et ne perd rien à l'accélération. Ayrton Senna ne peut pas continuer à ce rythme sans risquer la sortie de piste. Derrière lui, Wendlinger et Andretti se sont déjà accrochés pour moins que ça. Le freinage pour Coppice Corner est violent. Hill résiste un peu, mais, en déséquilibre à l'extérieur de la trajectoire, il s'avoue vaincu. Senna a désormais pour objectif l'autre Williams, pilotée par Alain Prost. Le Français a profité de sa position en tête de la grille pour se ménager une petite avance, mais il n'a pas le loisir d'en profiter que ce diable de Senna est déjà là. La première attaque du Brésilien dans une chicane est repoussée, mais Senna ne désarme pas et se faufile entre la corde et la voiture de son ennemi juré au freinage de l'épingle Melbourne. Le coup d'esbroufe de Prost à la réaccélération n'y change rien. Senna est en tête et passe la ligne de chronométrage avec deux secondes d'avance. Ce n'est qu'un début. Le passager de la pluie vient de produire un premier tour d'anthologie. Tous ses adversaires sont assommés, et le plus dur reste à faire. Senna a également volé la vedette à son jeune compatriote Rubens Barrichello, qui a gagné huit places dans le premier tour!

A bord de la McLaren, Senna est serein. En fait, il n'a pas le temps d'analyser l'exploit qu'il vient de réaliser, ni même d'en retirer un quelconque plaisir. 300 kilomètres sont encore au programme. Il va les dominer de bout en bout, laissant Prost s'empêtrer dans une mauvaise tactique de course et avec des réglages inadaptés aux conditions de piste. Pour avoir voulu jouer la prudence, Prost est dominé dans cette course de folie, et les cinq tours bouclés en tête, à la mi-course, ne seront pas suffisants pour le consoler.

Ayrton Senna a toujours un changement de pneumatiques d'avance. Le crachin capricieux lui sauve la mise dans ce Grand Prix d'Europe éprouvant pour les nerfs. Mais son avant-dernier changement de pneumatiques est catastrophique à cause d'un écrou de roue arrière récalcitrant. Et, quand la pluie revient en fin de course, Senna hésite longtemps avant de repasser par son stand. Avec des pneus lisses, la situation devient critique. Après avoir évité toutes les embûches et les accrochages avec les retardaires, dont Barrichello et Fittipaldi – tous deux natifs de São Paulo comme Senna –, le pilote McLaren ne prend pas le risque de tout gâcher par un choix tactique erroné. Après sa victoire au Brésil, cett première place à Donington lui vaut d'occuper la tête du championnat avec une confortable avance.

Alain Prost, songeur à l'issue d'un Grand Prix calamiteux pour lui. Ce soir-là, il fut à deux doigts de tout plaquer.

Malgré de nombreuses précautions, Michael Schumacher a manqué de clairvoyance dans le Grand Prix d'Europe.

Double page suivante : Donington et la F1, ou le résumé d'un circuit anachronique.

POLICE
RENAULT
elf
Canon
2

LES ANCIENS SE SOUVIENNENT. C'ÉTAIT EN 1968, ET, CETTE ANNÉE-LÀ, LA PLUPART DES GRANDS PRIX AVAIENT ÉTÉ PERTURBÉS PAR LA PLUIE. VINGT-CINQ ANS PLUS TARD, L'HISTOIRE SE RÉPÈTE. APRÈS L'ORAGE FINAL DE L'AFRIQUE DU SUD, LES TROMBES D'EAU DU BRÉSIL, LE CRACHIN TENACE DE DONINGTON, LA PLUIE EST À NOUVEAU AU RENDEZ-VOUS.

Toute la puissance d'Alain Prost et de sa Williams-Renault résumé dans ce cliché.

ALAIN PROST EN TERRAIN GLISSANT

GRAND PRIX DE SAINT-MARIN - IMOLA - 25 AVRIL

Le Brésilien Christian Fittipaldi n'a pas connu la réussite dans le Grand Prix de Saint-Marin. Après une touchette dans le premier tour, il fut contraint à l'abandon.

Entre le warm-up du dimanche matin, qui représente l'ultime séance d'essais pour définir les réglages en prévision de la course, et le départ des tours de chauffe, la pluie qui menaçait se décide à faire franchement son apparition sur l'Emilie-Romagne.

La plupart des pilotes, pour ne pas dire tous, détestent ce genre de mauvaise surprise. Certains s'accommodent mieux que d'autres des pistes détrempées, mais tous préfèrent s'exprimer sur une piste sèche. Ce n'est pas tant le goudron glissant qui dérange les pilotes que les projections d'eau qui rendent la visibilité quasi nulle. Le danger potentiel est alors multiplié à l'infini. Quand il pleut, les pilotes se fient plus que jamais à leur instinct pour progresser sur la piste. Les repères longitudinaux devenant très aléatoires, ils préfèrent prendre leurs références visuelles en regardant sur les côtés. C'est ainsi qu'ils découvrent les repères de freinage au dernier moment. Le plus effrayant, c'est qu'ils s'en remettent aveuglément – le terme est idéal – à ce que fait le pilote situé devant eux. Quand ils enregistrent la coupure du moteur de la voiture les précédant, ils lèvent le pied à leur tour. Le feu rouge – obligatoire – allumé à l'arrière des monoplaces quand il pleut n'est qu'un vague repère dans la tourmente. A des degrés différents, l'angoisse des pilotes à l'heure où les premières gouttes s'écrasent dans le paddock d'Imola est donc légitime.

L'arrivée intempestive de ce crachin pose un sérieux problème. Aucune séance d'essais n'ayant eu lieu sur une piste détrempée depuis le début du week-end, les organisateurs sont contraints d'improviser une courte séance avant la mise en pré-grille. En l'espace de vingt minutes, les pilotes qualifiés ont pour mission de découvrir les nouveaux pièges de la piste et, surtout, tentent de définir une nouvelle mise au point. Mais rien n'indique que cette averse va se prolonger pendant les

PODIUM: A. PROST, M. SCHUMACHER, M. BRUNDLE

quatre-vingt-dix minutes du Grand Prix. Parmi les pilotes qui viennent s'installer sur la grille, il en est un qui est plus particulièrement observé. Après sa mésaventure de Donington, qualifiée de prestation calamiteuse, Prost est montré du doigt. Tout le monde connaît son aversion pour les pistes mouillées. Ce n'est pas tant le manque d'adhérence qui gêne le Français que la visibilité précaire. Il garde en mémoire des images terribles, la vision d'un accident qui aurait pu coûter la vie à Didier Pironi. C'était en 1982, aux essais du Grand Prix d'Allemagne, et le Français, au volant d'une Ferrari, était venu percuter à pleine vitesse l'arrière de la Renault d'Alain Prost, tout simplement parce qu'il n'avait pas distingué cet obstacle dans les projections d'eau soulevées par une autre monoplace. Prost se souvient de l'image de la Ferrari s'envolant au-dessus de sa tête et de ce bruit épouvantable au moment où elle était retombée comme un missile. Prost accepte les risques de la course automobile, mais il ne veut pas être une victime impuissante des éléments. Que les observateurs n'aient pas compris ses angoisses le chagrine. Alors, sur cette piste d'Imola particulièrement rapide, il souhaite faire taire ses détracteurs. La pluie a stoppé, la piste est détrempée. Il sait que s'il prend la tête dès le départ, il ne sera plus inquiété, à condition de ne pas rater sa mise en action. Mais le Français marque de nouveau un temps d'arrêt au moment où le portique lumineux d'Imola passe au vert.

Il faudra bien qu'un jour, Prost chasse ses démons. Cette propension à rater ses départs depuis qu'il est arrivé chez Williams ne s'explique pas seulement par des raisons techniques. Il y a bien un "syndrome de l'embrayage" pour Prost. Mais, cette fois, le champion français est en colère. Encore une fois, il a laissé filer Damon Hill et surtout Ayrton Senna dont il connaît la détermination à rester devant lui.

C'est une course différente qui commence. Prost ne l'avait pas imaginée comme cela. Il ne lui faut que quelques secondes pour analyser la situation et construire une nouvelle tactique. Prost veut faire de ce Grand Prix un chef-d'œuvre. On ne s'est pas gêné pour lui mettre la pression, il s'en ajoute un peu. Hill n'est pas réellement un problème. Senna, c'est une autre affaire. Alain Prost pourrait attendre. Alors qu'il est dans le sillage de la McLaren-Ford, Prost perçoit nettement que la trajectoire idéale est en train de sécher. Encore quelques tours et il sait qu'une attaque dans la partie rectiligne ne poserait pas de problème, mais une tentative de dépassement sur le Brésilien alors que la piste est encore piégeuse serait plus probante. A la sortie du fameux virage de Tosa, Prost prépare sa manœuvre. Il sait que la motricité de sa machine est parfaite à la sortie de cet obstacle, et c'est là qu'il prend le meilleur sur Senna dès le 7e tour. Mais tout est à refaire une demi-douzaine de tours plus tard. Le macadam ayant effectivement séché, la plupart des pilotes ont changé de pneumatiques. A la faveur d'un changement de pneus ultra-rapide, Senna est à nouveau deuxième, coincé entre Hill et Prost. Le Français a doublé son adversaire de toujours sur une piste humide, son terrain favori, il veut faire mieux encore. Alors que le pilote McLaren est considéré comme imbattable dans le trafic, c'est précisément au moment où Hill et Senna sont ralentis par un retardataire que Prost porte une attaque imparable. A l'accélération et au prix d'une prise de risques absolue, le voilà en tête. C'est suffisant pour faire de lui un homme heureux. Que Senna abandonne un peu plus tard n'ajoute rien à son bonheur.

Mark Blundell au volant de sa Ligier-Renault.

A près de quarante ans, Riccardo Patrese prépare sa reconversion.

Ukuo Katayama semble perplexe. Le talent du petit Japonais ne lui permettra pas de marquer son passage au plus haut niveau du sport automobile.

Derek Warwick, lui aussi, sait qu'il sera bientôt à pied. Les "quadras" sont poussés vers la sortie par les petits nouveaux.

Un remake de l'arroseur arrosé à la mode Formule 1.

FOSTER'S
MOËT
elf
LES PAGES JAUNES
Marlboro
World Championship Team

MICHAEL ANDRETTI SE MET AUX POINTS

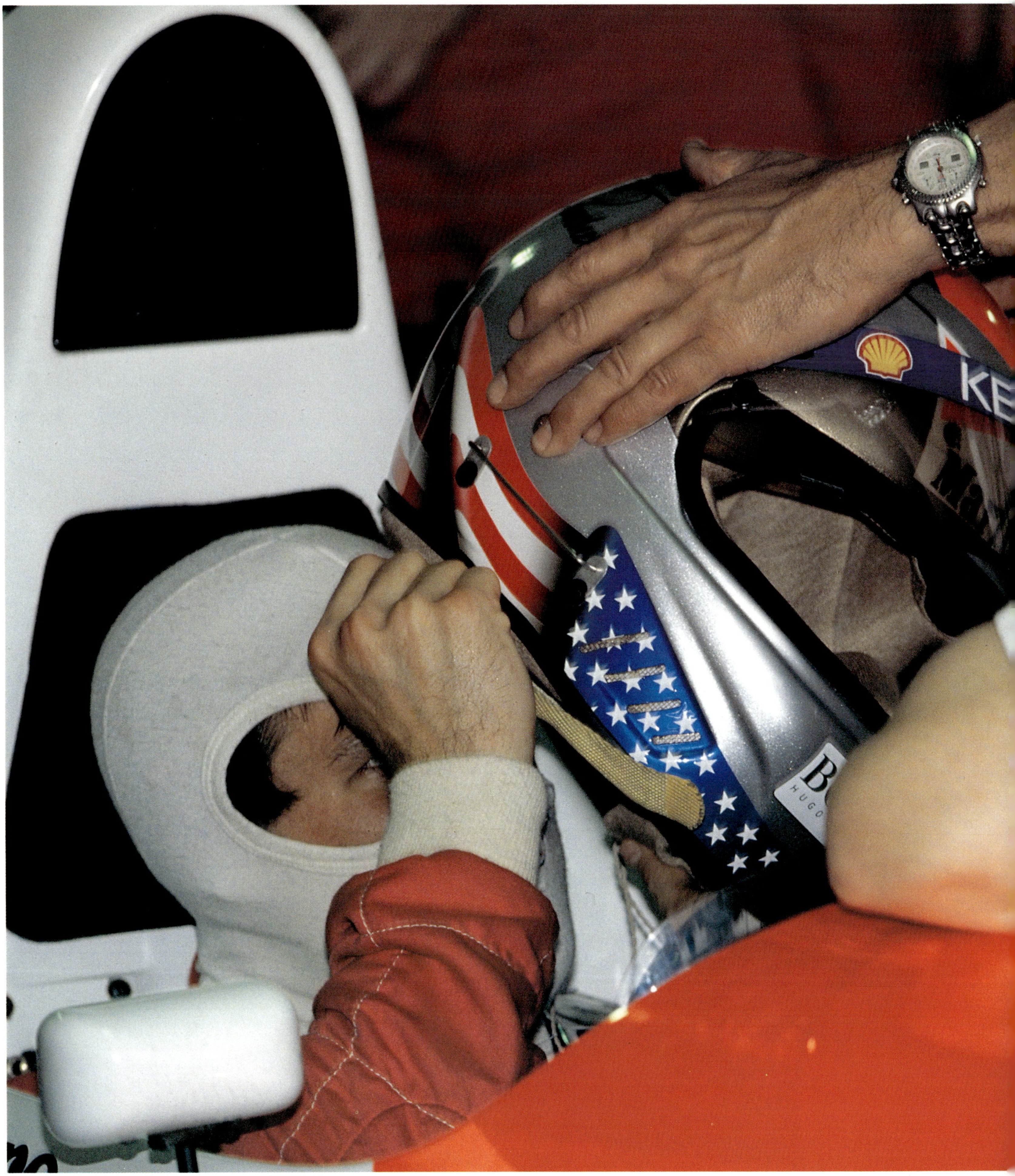

GRAND PRIX D'ESPAGNE - BARCELONE - 9 MAI

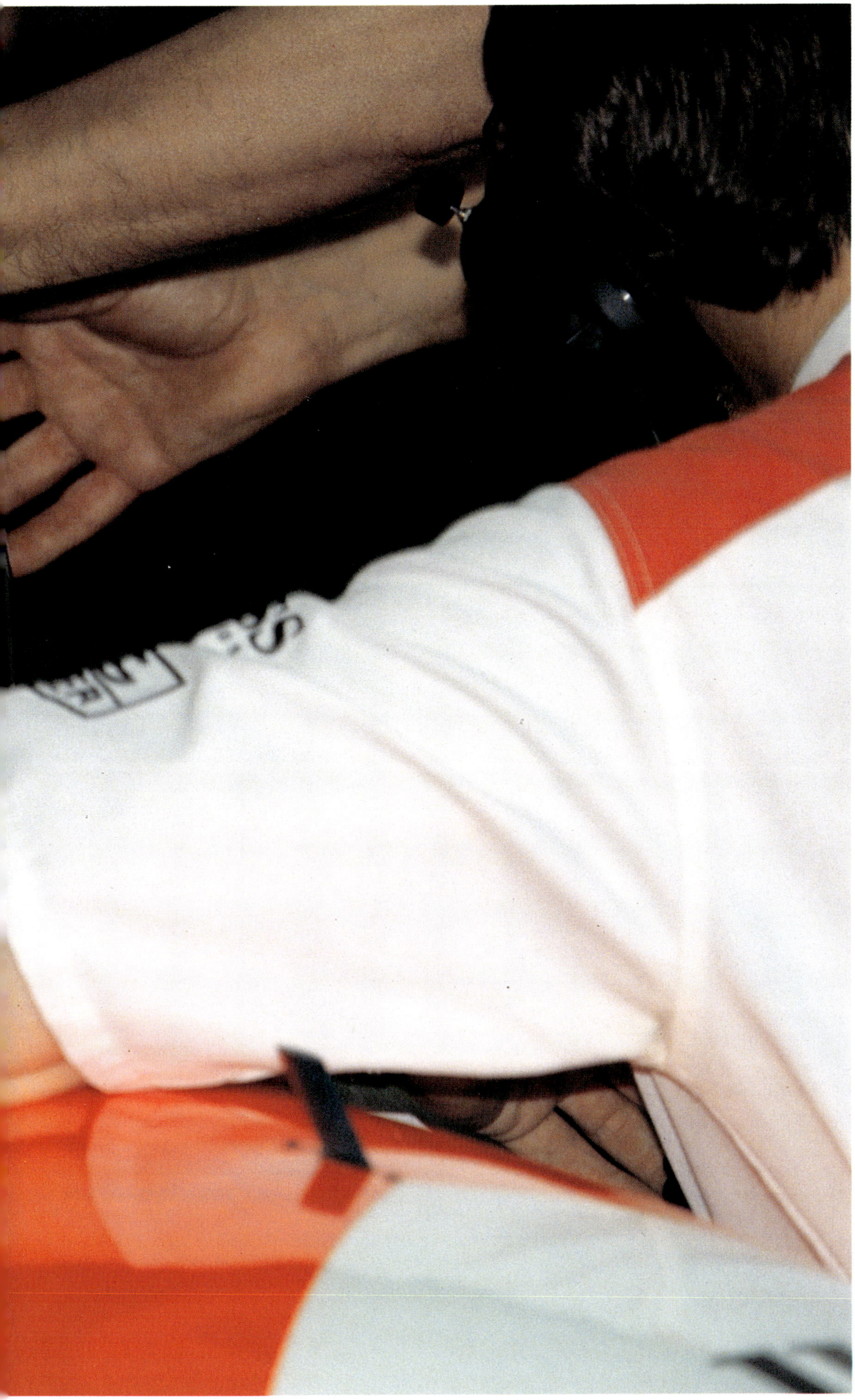

MICHAEL ANDRETTI EST ENVAHI PAR LE PIRE ENNEMI DU PILOTE DE FORMULE 1 : LE DOUTE. À L'HEURE DE PRENDRE LE DÉPART DU CINQUIÈME GRAND PRIX DE SA CARRIÈRE, LE JEUNE AMÉRICAIN N'EST PLUS DU TOUT SÛR DE S'ORIENTER DANS LA BONNE DIRECTION. LE BILAN DE SON DÉBUT DE SAISON EST CATASTROPHIQUE.

Malgré les deux points de la cinquième place obtenus en Espagne, Michael Andretti n'a pas pu calmer la tempête sous son casque.

La capitale catalane s'est doté d'un circuit de Formule 1 ultra moderne.

Mario Andretti, le père de Michael, avait pourtant raconté une belle histoire à son fils. Il lui avait parlé de ses années heureuses en F1, quand il courait sur Ferrari, quand il gagnait sur Lotus. Mario n'avait oublié aucun détail, se souvenait de son titre de champion du monde, de la bonne ambiance régnant dans le cercle des pilotes. C'était dans les années soixante-dix. Ensuite, Mario Andretti est reparti au pays couvert de gloire. Il n'a pas lâché le volant et s'est remis à piloter dans le championnat IndyCar. Jusqu'au jour où Michael, le fils, s'est retrouvé en âge d'affronter Mario, le père. Souvent, la Formule 1 revenait dans la conversation. Et puis le petit Michael est lui aussi devenu un champion dans son pays et a voulu le faire savoir au monde entier. Seule la Formule 1 pouvait lui offrir cette opportunité. De l'autre côté de l'Atlantique, dans la vieille Europe, Ron Dennis, le patron de l'équipe McLaren, toujours soucieux de maintenir le standing de son écurie, s'est peu à peu convaincu que l'arrivée d'un bon pilote américain dans le championnat de Formule 1 représenterait un point d'intérêt suffisamment important pour justifier ce qu'il considérait alors comme un investissement sur l'avenir. Il prit langue avec la famille Andretti. Le plus enthousiaste du clan de Nazareth était sans aucun doute le "vieux" Mario, aveuglé de confiance sur les qualités de son rejeton. Et Michael est venu. Il a signé un avantageux contrat de trois ans avec l'équipe de Formule 1 la plus capée du moment, après Ferrari.
Quelques mois plus tard, dans un stand du circuit de Catalunya, sanglé dans le cockpit de sa McLaren-Ford, Michael Andretti se pose des questions. Il doute, et il a de bonnes raisons pour cela. Il a calé au départ du premier Grand Prix de la saison en Afrique du Sud pour finalement s'élancer derrière toute la meute. Une demi-douzaine de tours plus tard, il se laissait avoir dans un accrochage qui l'éliminait. Le pire était à venir. Au Brésil, c'est dans le premier virage qu'il connaissait l'humiliation. Cette fois, avec un évident manque de réalisme, Andretti bousculait la Ferrari de Berger dans la cohue du premier freinage, finissant sa course en tonneaux au volant d'une McLaren détruite. Le week-end brésilien s'achevait à l'hôpital pour un contrôle de routine. De retour en Europe, Andretti ne faisait pas mieux, ne terminant pas le premier tour, encore une fois victime de sa fougue et de son manque de discernement. Après trois

LE PODIUM : A. PROST, A. SENNA, M. SCHUMACHER

courses, Michael Andretti n'avait pas couvert une dizaine de tours. Dans ces conditions, il est bien difficile de maintenir sa confiance à un niveau élevé. A Imola, devant un public italien qui n'a pas oublié que la famille Andretti est originaire du sud de l'Italie, Michael voulait se racheter de toutes ses bévues. Il franchissait l'obstacle du premier tour, se montrait prudent en début de course sur une piste grasse avant de se laisser aller à un tête-à-queue en essayant de doubler un adversaire. Et pourtant, avant la course, Ron Dennis était venu l'encourager en lui demandant de terminer la course, à n'importe quelle position, mais de terminer.

Alors, au moment de rejoindre la grille de départ de ce Grand Prix d'Espagne, Michael Andretti doute. Le septième temps obtenu à l'issue des essais qualificatifs n'est pas assez satisfaisant pour le rassurer. Andretti sait qu'il est capable d'aller vite. Il l'a déjà prouvé en Indy, puis en Formule 1. Mais cette capacité n'est pas suffisante pour faire de lui un bon pilote de Grand Prix, à qui il est demandé d'aller vite toujours et tout le temps, et surtout intelligemment. Gérer un rythme élevé pendant quatre-vingt-dix minutes tout en s'adaptant aux circonstances de course et aux changements alentour, voilà la vraie difficulté. L'Américain décide donc d'être très sage au départ et de se placer le plus loin possible des mauvais coups. Ensuite, il se contente de surveiller ses pneumatiques et d'écouter sa mécanique. Profitant de quelques abandons et d'un rythme régulier, il se retrouve dans les points en vue de l'arrivée. Parfois, la Formule 1 peut paraître simple, et Michael Andretti accueille les deux points de la cinquième place comme une bénédiction. C'est une première satisfaction pour ce débutant qui ne cherche pas d'excuses quand il parle de ses débuts catastrophiques : "Je n'ai pas toujours été dans le bon timing. Parfois, j'étais bien et la voiture connaissait un problème, d'autres fois, je n'avais rien à reprocher à la voiture, mais je faisais une bêtise. A force de vouloir bien faire, j'ai tendance à me mettre trop de pression sur le dos. Je veux tellement démontrer que je suis capable d'y arriver." Andretti ne souligne même pas qu'il doit cohabiter avec Ayrton Senna pour sa première saison en F1, ce qui le place tout de même en comparaison directe avec un pilote considéré comme le plus rapide du plateau. Ce qui ajoute à la tristesse de Michael, c'est le peu de cas que l'on fait de lui en dehors de ses problèmes sur la piste. Dans le paddock, l'Américain passe complètement inaperçu. Il n'est pas un journaliste pour s'intéresser à lui. Les railleries sont évidemment plus nombreuses que les éloges et, dans ces circonstances, même les caractères les plus durs sont altérables. Sans le reconnaître ouvertement, Andretti ne nie pas qu'il pourrait ne pas poursuivre sa carrière en F1, préférant retrouver la convivialité du championnat IndyCar.

Là-bas, au moins, le public est fair-play et s'abstient d'étourdir de sifflets les pilotes en manque de réussite. Plus tard dans la saison, Michael Andretti verra même fleurir devant son stand une cruelle banderole : "*Andretti go home*!" Ce qu'il fit.

Damon Hill dans les méandres de la zone de décélération.

Autre Michael, autre talent. Schumacher représente l'avenir de la Formule 1. Tous les observateurs s'accordent à voir en lui un futur champion du monde.

McLaren
BOSS
GOODYEAR
KENWOOD
BILSTEIN
Shell
BOSS
Marlboro
Marlboro

Un trio qui compte en Formule 1. Frank Williams (à gauche), en compagnie de son ingénieur et associé Patrick Head (au centre) et Ron Dennis, qui dirige l'équipe McLaren.

La Formule 1, et ses champions, exerce toujours une grande fascination sur la gente féminine... Tant mieux!

Animés par une philosophie différente, Alain Prost et Ayrton Senna sont réunis par le même souci de la performance absolue.

Page de gauche : Michael Andretti n'a pas rencontré la réussite espérée en Formule 1. Sous la pression de Ron Dennis, le patron de l'équipe McLaren, il a préféré renoncer avant la fin de la saison. Il retrouvera la Formule Indy en 1994.

C'est à chaque fois au freinage qu'Alain Prost a fait la différence sur son équipier Damon Hill, finalement obligé de renoncer après la casse de son moteur.

elf
0

C'EST UNE FORMIDABLE DÉTONATION DONT L'ÉCHO SE RÉPERCUTE SUR LES MURS ROSIS PAR LE SOLEIL DU MATIN. MONACO SE RÉVEILLE DANS LA FUREUR. PAR TRADITION, LORS DU WEEK-END DE L'ASCENSION, LES RUES DE LA PRINCIPAUTÉ SONT LIVRÉES AUX MONOPLACES DE FORMULE 1.

Survolant les époques, le Grand Prix de Monaco conserve toute sa magie.

SENNA, UN PRINCE EN SON ROYAUME

GRAND PRIX DE MONACO - MONTE-CARLO - 23 MAI

51° GRAND PRIX
corps des commissaires
MONACO 1993
Ford
elf
BELL
COLORS

Ford

Les pilotes connaissent bien les lieux, la plupart y ont élu domicile pour d'évidentes raisons fiscales. Depuis 1984 et ses débuts en Grands Prix, Ayrton Senna s'est toujours illustré dans les méandres de ce circuit chargé d'Histoire.

Il a failli s'imposer, dans ce qui est considéré comme l'épreuve la plus prestigieuse de la saison, dès sa première visite à Monaco. Ce jour-là, il pleuvait très fort. A tel point que la course fut arrêtée avant son terme. Senna ne s'est jamais consolé de n'obtenir que la deuxième place derrière Alain Prost. Alors, le Brésilien s'est vengé, accumulant cinq succès en Principauté, égalant ainsi le record historique de Graham Hill. Et tous les records n'existent que pour être battus. C'est l'idée qui motive Senna au matin des premiers essais de cette édition 1993. Il sait que sa McLaren-Ford ne peut pas rivaliser en performance pure avec les Williams-Renault, mais, sur un terrain aussi piégeux que celui de Monaco, il y a toujours quelque chose à espérer.

Sous le ciel menaçant de la Riviera (c'est également une tradition pour le Grand Prix), Ayrton est le premier pilote à vraiment affoler les chronos.

Tout en travaillant à la mise au point de sa machine, il enchaîne les tours à une cadence de plus en plus élevée. Il pourrait presque se diriger en aveugle tant il connaît chaque centimètre de la piste. Il donne toute la puissance de sa machine sur la fausse ligne droite des stands, en fait une courbure vers la droite qui déboule sur un freinage légèrement en montée, celui de Sainte-Dévote. Les pilotes n'ont pas le temps d'apercevoir la petite église qui a donné son nom à ce virage. A la sortie de celui-ci, l'accélération se produit au ras des barrières. La montée de Beau-Rivage est un véritable serpentin assez pentu où il n'existe qu'une seule trajectoire, la plus tendue possible, entre les murs formés par les rails de sécurité. Le freinage pour le grand virage à gauche de Massenet, sous les fenêtres de l'*Ermitage* et de l'*Hôtel de Paris*, est rendu délicat par la chaussée bombée à cet endroit. Les voitures s'y présentent à plus de 250 km/h. La McLaren de Senna rebondit d'une trajectoire à l'autre avec précision. A bord, son pilote parvient à maintenir une légère dérive jusqu'à l'extrême limite du rail. Au milieu des jardins du casino, la plongée vers Mirabeau est vertigineuse. Le fort ralen-

Heurs et malheurs. La monoplace de Schumacher, qu'il quitte aidé d'un commissaire (double page précédente), est dégagée au moment où passe la Williams de Prost, tous deux leaders éphémères de la course la plus prestigieuse de l'année.

tissement qui survient permet de négocier le virage à droite de Mirabeau, puis l'épingle du Loews, l'endroit le plus lent du circuit. Sur les balcons de l'*Hôtel du Loews*, des belles en peignoir admirent le style des champions. Le ruban monégasque se déroule ensuite dans un anonymat plus marqué, entre les murs des immeubles modernes du front de mer, avec les deux virages à droite, dont celui du Portier qui commande l'accélération vers le tunnel. C'est alors la plongée dans la nuit, vaguement blanchie par la lumière artificielle. Ce trou béant entre mer et béton est une infernale courbe à droite qui fatigue l'organisme des pilotes. Comme une gifle à plus de 270 km/h, la lumière revient soudain. Senna tape de toutes ses forces dans la pédale de frein pour négocier la chicane du port, un tourniquet sans intérêt qui permet de ralentir les monoplaces avant d'aborder le virage à gauche du bureau de tabac et le terrifiant double virage gauche-droite de la piscine. A la sortie de cette difficulté, il faut savoir doser au mieux l'accélération pour ne pas s'écraser sur les rails qui protègent une succession de petits garages destinés aux pêcheurs de la Principauté. Le freinage en appui de la Rascasse est parmi les plus techniques du circuit, avec sa trajectoire en demi-cercle pour ne pas heurter les barrières.

Au virage Anthony-Noghès, les voitures sont complètement déséquilibrées par une violente cassure du macadam. Et c'est à nouveau le passage devant les stands vers Sainte-Dévote. Alors qu'il vient de signer le meilleur temps de la matinée, c'est précisément à l'approche de ce virage qu'Ayrton Senna perd le contrôle de sa voiture. La suspension électronique ultra-sophistiquée de la McLaren a mal interprété une information et a aussitôt projeté la belle monoplace dans le rail à 270 km/h. Le choc est terrible, Senna est choqué et s'assoit de longues minutes au bord de la piste pour tenter de récupérer. Voiture très abîmée, pilote chiffonné, Senna ne retrouvera ses moyens que le dimanche matin, pour la course, avec le handicap de partir en deuxième ligne.

Alors que les vingt-six voitures frémissent d'impatience sur la grille, Senna croit voir celle de Prost bouger juste devant lui. Il n'y prête pas vraiment attention. Il a pour objectif de contenir Damon Hill, avant Sainte-Dévote. Il y parvient, en force.

Alain Prost semble avoir la course en main. Sa cadence est élevée et personne ne peut la suivre.

Même Michael Schumacher, le battant, baisse les bras. Il se contente de surveiller la progression de Senna et Hill derrière lui. Quand, soudain, Prost disparaît de son horizon. Sanctionné pour un départ anticipé, le Français doit s'arrêter dix secondes pour purger sa peine. Hélas pour lui, il cale deux fois au moment de repartir et, quand il peut enfin reprendre la piste, il est dernier. Quelques minutes plus tard, un autre coup de théâtre touche le nouveau leader, Michael Schumacher. Ayrton Senna, le chasseur, se retrouve en tête sur son circuit fétiche. Dès lors, il contrôle à merveille la situation, s'autorisant même un arrêt pour changer ses pneus en vue de l'arrivée, assurant ainsi une fin de course confortable, à l'écart des accrochages et abandons divers qui émaillent comme toujours ce Grand Prix que certain comparent à un jeu de hasard. Mais gagne-t-on à Monaco six fois par la seule volonté du hasard?

Le prince Rainier peut s'inquiéter pour son trône monégasque. Avec six victoires à Monaco, Ayrton Senna pourrait presque y prétendre.

PODIUM : A. SENNA, D. HILL, J. ALESI

Il n'y a qu'à Monaco que le public est ainsi caressé par la sensualité des monoplaces.

Dernier éclat de soleil rassurant avant d'affronter la folie et la pénombre du tunnel monégasque.

Les trajectoires de Monaco ou comment prendre conscience de l'omniprésence des trottoirs et des rails.

Entre métal et béton, les monoplaces de Formule 1 se tordent de douleur.

GALERIE
METROPOLE
GALERIE DU METROPOLE
LARROUSSE
ZANUSSI

ENTRE VOITURE ET AVION

GRAND PRIX DU CANADA - MONTRÉAL - 13 JUIN

PARCE QUE LES VOITURES SONT EN TRAIN D'ÉCHAPPER AU CONTRÔLE DES HOMMES, PARCE QUE L'ÉLECTRONIQUE EST SUR LE POINT DE SUPPLANTER LES PILOTES, PARCE QUE LA FORMULE 1 DOIT RESTER UNE AFFAIRE DE TALENT ET POUR D'AUTRES RAISONS ENCORE, TOUS LES SYSTÈMES ÉLECTRONIQUES D'ASSISTANCE AU PILOTAGE SONT MONTRÉS DU DOIGT PAR LES CENSEURS DE LA FÉDÉRATION INTERNATIONALE DU SPORT AUTOMOBILE (FISA).

Avions ou voitures?
Les responsables de la Formule 1 se sont posé la question.

L'attente du moment idéal pour se jeter en piste en trois tableaux : Patrese et Schumacher chez Benetton, Hill et Prost chez Williams-Renault, alors que les pilotes Ferrari sont attendus par leurs techniciens.

Et les autorités sportives ont choisi le Grand Prix du Canada pour brandir fermement la menace d'une exclusion du championnat pour les voitures jugées non conformes. C'est-à-dire la presque totalité du plateau. En fait, c'est une histoire très complexe. Bernie Ecclestone, grand argentier de la F1 et responsable commercial de ce sport, et Max Mosley, récemment élu à la tête de la FISA, ont pour principal souci de préserver leur business et donc le spectacle qu'ils proposent. La qualité de ce spectacle passe par une simplification des techniques employées et une mise à l'écart de toute une technologie électronique trop sophistiquée que les représentants de la Scuderia Ferrari n'hésitent pas à comparer à la technologie spatiale, tout en continuant de l'utiliser pour ne pas être irrémédiablement distancés. La Formule 1 est depuis toujours un formidable banc d'essais pour l'automobile, mais il y a des limites à ne pas dépasser. Depuis le début des années quatre-vingt-dix, la Formule 1 s'est laissé gagner par la folie de l'ultra-sophistication. Les performances en constante augmentation laissent planer la menace d'une perte de contrôle des hommes chargés de piloter ces engins. La résistance physique des pilotes a ses limites. Depuis plusieurs semaines, les responsables de la FISA cherchent donc la faille pour imposer leur point de vue. Ils souhaitent également contrer une possible réaction des managers les plus puissants, prêts à porter l'affaire devant le tribunal d'arbitrage de Lausanne. En déclarant toutes les voitures – ou presque – illégales, la FISA coupe l'herbe sous le pied des chefs d'équipe surpris.
A Montréal, une innocente circulaire déclare les suspensions actives, les systèmes d'antipatinage à l'accélération et les antiblocages au freinage hors la loi. Ne sont tolérées que les boîtes de vitesses semi-automatiques à condition qu'elles ne soient pas programmées pour passer les rapports sans l'intervention du pilote. Les ingénieurs et informaticiens sont touchés en plein vol. Ces décisions préfigurent les règlements des années à venir. S'ajoute à ces mesures une menace sur la télémétrie, qui permet d'analyser des dizaines de paramètres alors que la voiture est en mouvement. Ainsi, avec la télémétrie, les motoristes n'ignorent rien de la vie de leur moteur pendant et après les essais ou la course. La FISA prévient qu'elle ne tolérera pas dans l'avenir que des informations puissent circuler dans le sens stand-voiture pour faire évoluer un réglage en cours de Grand Prix ou pendant les essais. La télémétrie reste autorisée à la condition

PODIUM : A. PROST, M. SCHUMACHER, D. HILL

qu'elle ne serve qu'à récolter des informations pour analyse ultérieure.
Dans l'ensemble, les pilotes sont plutôt favorables à ces mesures, même si la plupart ne le crient pas trop fort pour ne pas froisser leurs employeurs. Mais les meilleurs savent que la suppression du "tout électronique" redonnera de la valeur au pilotage. Les vrais champions seront encore plus forts. Ceux qui possèdent le meilleur feeling et la plus grande sensibilité mécanique seront avantagés.
Une des excuses avancées par la FISA concerne les économies ainsi réalisées. Là encore, l'avis des managers est partagé. Pour certains, il faudra trouver beaucoup d'argent pour financer les systèmes capables de compenser la perte des aides au pilotage. Pour les autres, il s'agit d'une véritable économie.
A ce point de la saison, les farouches adversaires de ces mesures "rétrogrades" sont bien sûr Frank Williams, pour l'écurie qui porte son nom, et Ron Dennis, pour McLaren, qui ont investi des fortunes colossales dans ces systèmes électroniques. Les petites équipes, bien soutenues par la puissante Scuderia Ferrari, sont plutôt d'accord avec les décisions de la FISA. Chez Ferrari, on en fait une question de philosophie. Le cas de l'écurie Benetton est plus complexe. Flavio Briatore se dit complètement en phase avec Max Mosley, mais offre tous les moyens nécessaires à ses ingénieurs pour exploiter tous les domaines encore autorisés par les règlements en attendant 1994 et un certain retour au naturel.
Au-delà de cette mise au ban de l'électronique, il y a un acharnement évident à mettre au pas l'écurie Williams-Renault-Elf. L'équipe de Frank Williams est sans aucun doute la plus récalcitrante vis-à-vis du pouvoir sportif. Avec Alain Prost, talentueux pilote qui n'a pas sa langue dans la poche, elle "gâche" un peu le spectacle et le suspense souhaités par Max Mosley et Bernie Ecclestone.
Le champion français se contente de se déclarer surpris que sa monoplace puisse être devenue, du jour au lendemain, non conforme. Mais les commissaires sportifs canadiens et la FISA prouvent que ce constat de non-conformité n'est qu'une sévère mise en garde en décidant d'autoriser toutes les monoplaces à courir l'épreuve canadienne. Le conflit opposant la FISA aux constructeurs ne sera en fait réglé qu'au milieu de l'été, à la veille du Grand Prix d'Allemagne, avec la mise en chantier des futurs règlements de la F1 interdisant effectivement la quasi-totalité des accessoires électroniques.
Au cours de ce Grand Prix, l'électronique de la Williams-Renault, pilotée par Alain Prost et arborant le numéro zéro, ne faillit pas. Celle de la McLaren-Ford de Senna, l'animateur du début de course et candidat au podium, se montre au contraire capricieuse. Par la faute d'un alternateur défaillant, Senna, harcelé par la Benetton de Schumacher, évite de peu l'accident quand le moteur de sa monoplace s'arrête à l'approche d'un freinage. Avec cette course ratée et le festival d'Alain Prost – pole, victoire, record du tour –, le duel engagé entre Prost et Senna tourne à l'avantage du Français. Prost retrouve la tête du championnat.

Alain Prost, avec une grande maîtrise, a réalisé la course parfaite au Canada.

Avions ou voitures? La question a eu le mérite d'être posée. Derek Warwick, en difficulté, cherche la réponse à sa façon.

ootwork
BP
Footwork

I L FAUT OUBLIER LE RÉSULTAT BRUT. EN PERFORMANCE PURE, LES FERRARI N'ONT PAS BRILLÉ À MAGNY-COURS. MAIS, POUR LA VÉNÉRABLE SCUDERIA, L'ÉVÉNEMENT A TOUT DE MÊME EU LIEU AU GRAND PRIX DE FRANCE.

Après l'aventure Peugeot, c'est l'heure de l'aventure Ferrari pour Jean Todt, ici en compagnie de Gerhard Berger et Niki Lauda.

JEAN TODT SE MET AU ROUGE FERRARI

GRAND PRIX DE FRANCE - MAGNY-COURS - 4 JUILLET

Le freinage de l'épingle d'Adelaïde est l'endroit le plus spectaculaire du circuit de Magny-Cours. Ces pilotes devront s'y résigner, la trajectoire idéale n'autorise qu'une voiture à la fois.

C'est dans un italien hésitant que Jean Todt a officialisé son intronisation dans le "sanctuaire" de la course automobile au poste de directeur de la gestion sportive, et les tifosi ont apprécié cet effort linguistique. Celui qui a quitté la direction de Peugeot-Talbot Sport quelques jours plus tôt est présenté comme l'homme qui peut sortir Ferrari de l'ornière. En acceptant l'offre de Luca di Montezemolo, le président des Automobiles Ferrari, Jean Todt endosse une charge alourdie de nombreuses responsabilités. L'Italie attend depuis trop longtemps – depuis Jody Scheckter en 1979 – qu'un pilote Ferrari décroche un titre mondial. La mission du Français est simple. Il doit remettre les monoplaces de Maranello sur le chemin de la victoire. Il a carte blanche pour cela, et c'est d'ailleurs à cette condition qu'il a accepté de relever ce défi qu'il présente comme l'aboutissement d'un rêve dans sa vie professionnelle.

Au début, ce 1er juillet est presque un jour comme les autres pour Jean Todt. Un réveil sonne dans son vaste appartement parisien. La veille, Jean Todt a fait, une dernière fois, le tour de son bureau dans les locaux de Peugeot, avenue de la Grande-Armée, il a embrassé ses secrétaires et pris congé de ses collaborateurs de Peugeot-Talbot Sport à l'usine de Vélizy. La firme de Sochaux refusant de s'engager en Formule 1, Todt a tourné la page.

Si les Grands Prix se déroulent le dimanche après-midi, l'agitation gagne les paddocks dès le jeudi. Après avoir reçu ses vêtements de fonction – une chemise blanche frappée du *cavallino rampante* un peu large et un pantalon bleu marine un peu long –, Jean Todt s'est installé au volant d'une Lancia – délaissant sa 605 – en direction du circuit de la Nièvre. La télévision française effectue un reportage sur sa journée et un photographe l'accompagne. Chemin faisant, Todt songe aux différents points qu'il va développer devant la presse tout à l'heure. Fidèle à son habitude, il a jeté sur une fiche quelques notes qui le guideront dans son discours. Jean Todt est surtout préoccupé par le maniement de l'italien, langue qu'il souhaite utiliser pour mieux souligner la symbolique de sa nouvelle fonction. Comme toujours,

Quatre moteurs Renault aux quatre premières places du Grand Prix de France, ou comment combler un public un tantinet chauvin.

Ne vous y fiez pas, Jean Alesi se dit porté par les encouragements des spectateurs français.

Christian Fittipaldi en compagnie de sa jeune amie...

... avant de s'isoler "sous" son casque.

PODIUM : A. PROST, D. HILL, M. SCHUMACHER

Jean Todt a l'intention de s'impliquer à fond. Ses pensées vagabondent. Il se souvient qu'il fut, très jeune, un passionné de sport automobile, qu'il devint ensuite un excellent coéquipier à l'occasion des plus grands rallyes que disputait la maison Peugeot. Un souvenir plus proche lui rappelle qu'il fut désigné pour mettre sur pied un département sport au sein de la maison Peugeot. Ce fut le début d'une belle aventure avec la fabuleuse 205 turbo 16 en rallye, sacrée championne du monde, puis l'interdiction de ces prototypes de la route et l'orientation vers les rallyes-raids. Dans ces compétitions, les Peugeot 205 et 405 ont tout gagné, avant de s'effacer pour laisser les 905 rugir sur les pistes du championnat du monde d'endurance et surtout s'imposer deux années de suite aux 24 Heures du Mans.

La dernière fois, c'était il y a dix jours, et Jean Todt n'a pas encore évacué totalement l'émotion de ce moment très fort. Mais il s'agit du passé, et ce petit homme dévoré par l'angoisse de mal faire a l'habitude de regarder devant lui. Et l'avenir, c'est Ferrari. Comme prévu, la petite salle de conférences réservée au-dessus des stands du circuit de Magny-Cours est pleine à craquer. Tous les journalistes italiens sont là, mais aussi beaucoup de Français et quelques Anglais. Jean Todt a bien sûr été salué par tous les mécaniciens et techniciens présents dans le stand de l'écurie. Il s'est entretenu quelques minutes avec Jean Alesi – qu'il connaît bien – et Gerhard Berger – qu'il connaît moins. Au cours de cette conférence, le nouveau directeur de la gestion sportive de Ferrari ne dit pas grand-chose, plutôt des banalités et des évidences, mais il tenait à faire partager l'émotion de cette prise de fonctions. Pour ce qui est du travail, on peut simplement lui faire confiance. Il n'est pas question de miracle, mais, bientôt, les efforts de chacun seront récompensés. Il existe chez Ferrari une formidable énergie et une puissance de réaction qu'il suffit de savoir canaliser. Au soir de sa première journée sous les couleurs de Ferrari, Jean Todt s'accorde trois mois, pas plus, pour analyser, comprendre et évaluer les forces et les faiblesses de l'équipe dont il a la nouvelle responsabilité.

Au matin des premiers essais du Grand Prix de France, fidèle à son habitude – certains disent à ses manies –, Jean Todt est derrière le mur séparant la piste des stands. Chronomètres en mains, il observe, s'imprègne des méthodes de travail des Italiens avant d'imposer les siennes. Alesi et Berger ne sont pas vraiment à la fête. En qualification, le jeune Français, follement encouragé par le public, fait des miracles. A chaque fois qu'il revient au ralenti, il est très applaudi. Ce n'est qu'une piètre consolation pour des chronos peu dignes du standing supposé de la Scuderia Ferrari. En fait, il y a un problème de fond à régler sur la suspension active, jugée trop capricieuse par ses pilotes, et donc dangereuse. La voiture est souvent imprévisible. Le quatrième temps obtenu par Alesi lors du warm-up ne fait pas illusion. Sur une piste surchauffée par le soleil de la Nièvre, Alesi comme l'Autrichien Berger ont peu de chances de briller.

De fait, la course s'avère désastreuse pour les deux pilotes Ferrari. Jean Alesi abandonne sur une casse de son moteur, alors qu'il n'espérait même pas atteindre un classement dans les points. Son équipier n'est guère mieux loti, même s'il rejoint l'arrivée à la quatorzième place. Jean Todt n'en prend pas ombrage. Plutôt que de se lamenter sur les performances de ses voitures, il met sur pied une importante séance de travail pour les trois jours suivants. L'ère Todt est en marche.

Alboreto en perdition.

Surchauffe pour Philippe Alliot.

LARROUSSE
80450
Elektroodbyt
Praha
Elektroodbyt
Praha

Les effets graphiques de la loi Evin interdisant la publicité pour le tabac.

80?69
81065
MEDCAL
08415

DAMON HILL N'EN REVIENT PAS. L'HORIZON SERAIT COMPLÈTEMENT DÉGAGÉ DEVANT LUI S'IL N'Y AVAIT CETTE FOULE COMPACTE ET BRUYANTE QUI FORME UN MUR DE JAMBES DEVANT LE MUSEAU DE SA WILLIAMS. HILL EST QUALIFIÉ EN PREMIÈRE LIGNE DE "SON" GRAND PRIX NATIONAL. ET ENCORE, SANS CE DIABLE D'ALAIN PROST – QUI SE TROUVE ÊTRE SON ÉQUIPIER –, IL SERAIT EN POLE POSITION.

Toute l'angoisse et l'impuissance de Michele Alboreto dans ce regard. L'Italien fut pourtant l'un des grands pilotes des années quatre-vingts quand il courait chez Ferrari.

LES ANONYMES ASSOCIÉS

GRAND PRIX DE GRANDE-BRETAGNE - SILVERSTONE - 11 JUILLET

Ayrton Senna a fait preuve d'une incroyable agressivité sur le très rapide circuit anglais, mais a dû capituler devant la supériorité des Williams-Renault, et même de la Benetton-Ford de Schumacher.

Même avec la plus faible des marges sur Alain Prost, Damon Hill espérait bien s'imposer à Silverstone devant son public. Sa mécanique – française – en a décidé autrement.

Hier, à la fin de la séance qualificative, il s'est même laissé gagner par une bouffée d'orgueil en faisant jaillir une main victorieuse après son dernier tour de qualification.
Dans l'esprit du Britannique, le tour qu'il venait de réaliser frôlait la perfection, et personne ne pourrait égaler un tel chrono. Cela valait bien quelques signes de contentement à l'adresse du public chéri.
Oui, mais voilà, Alain Prost est passé par là. Sur le coup, cette anecdote n'a pas fait rire Damon. Mais maintenant, il est plutôt satisfait de son sort. Il y a tout juste un an, il décrochait difficilement sa qualification pour le Grand Prix d'Angleterre – le premier de sa carrière –, au volant de sa Brabham, qu'il terminait à une lointaine seizième place et à quatre tours du vainqueur, Nigel Mansell.

Malgré son illustre patronyme et la mémoire de son père Graham, qui, d'ailleurs, ne s'est jamais imposé en Angleterre, personne ne s'était vraiment intéressé au cas de Damon en 1992. Les fonds de grille ne passionnent pas la grande foule. Le statut de pilote d'essai chez Williams-Renault n'était pas suffisant pour provoquer le grand frisson. Cette fois, Damon Hill est titulaire. Il est en première ligne. Il est le (relativement) jeune équipier d'une star de la profession et il est (bien) payé pour piloter la meilleure monoplace du moment. Tout va décidément très vite dans ce monde étrange de la Formule 1. Lui s'est trouvé à l'épicentre d'une opportunité qui ne pouvait pas lui échapper, mais combien d'autres espoirs verront leur carrière gâchée ou ratée parce qu'ils n'étaient pas au bon endroit, au bon

moment, soutenus par les personnages les plus influents? Sur cette grille de départ, Hill ne peut s'empêcher d'avoir une pensée pour eux, en espérant que les meilleurs éléments parviendront à s'en sortir.
L'exemple le plus frappant est sans doute celui de Luca Badoer. Ce jeune Italien est le dernier qualifié sur cette grille du Grand Prix d'Angleterre. Sacré champion international de Formule 3000 à la fin de la saison 1992, après avoir fait étalage d'un talent évident, Badoer ne peut pas avoir oublié son pilotage en arrivant en Formule 1. Cet espoir transalpin est tout simplement victime d'une épouvantable monoplace, complètement ratée et qui ne lui permet pas de s'exprimer. Devant lui, il y a Alliot et Boutsen. Ces deux-là n'attendent plus grand-chose de la F1. Le Belge a la satisfaction d'avoir déjà gagné des Grands Prix et d'avoir appartenu à de grandes équipes. Le Français n'a pas cette consolation. Son palmarès n'est riche que de quelques points, alors qu'il arrive en fin de carrière. Chez Tyrrell, Ukyo Katayama et Andrea de Cesaris ont connu des destins bien différents. Le Japonais ne doit sa place à ce niveau qu'à l'attrait des yens nippons. De Cesaris est un des vétérans du peloton. Malgré son allure de jeune premier, il n'entretient que de faibles espoirs de trouver un jour le volant capable de le propulser vers une victoire. Un plaisir qu'il n'a jamais connu malgré près de deux cents participations. Pier Luigi Martini n'était même pas là au début de la saison. Il remplace Fabrizio Barbazza, plus infortuné encore. Plutôt que de récupérer d'hypothétiques arriérés de salaire, Martini a choisi de courir jusqu'à la fin de la saison en espérant mieux. Christian Fittipaldi, enrôlé dans la même équipe, a au moins son nom pour passeport. Le clan des Fittipaldi séduit toujours les sponsors et, comme le "petit" dispose d'un honnête coup de volant, il peut garder l'espoir de courir un jour pour une grande équipe et ainsi sortir de l'anonymat. Erik Comas, Français issu de la fameuse filière Elf, est arrivé à un tournant capital de sa carrière. Il est dans l'obligation de franchir très vite un palier s'il ne veut pas disparaître de la liste des engagés. Il est, lui aussi, à la recherche d'une monoplace plus performante, mais elles ne sont pas si nombreuses. Et, sans résultat, il est presque impossible d'attirer l'attention des managers. Il est juste de faire référence à un cercle vicieux. J.J. Letho est sensiblement dans la même position qu'Erik Comas. Pilote solide intégré à une équipe modeste, mais sérieuse (Sauber), il ne parvient pas à sortir du lot. Allessandro Zanardi n'est guère mieux loti. Sa position chez Lotus semble très fragile et n'est protégée que par la présence d'un sponsor qui finance sa présence en Formule 1.
Mais, après tout, c'est peut-être là l'essentiel : être présent, en attendant que la bonne fortune passe à proximité. Il y a douze mois de cela, Hill faisait de la figuration et rien de plus. Et encore, les qualifications ne furent pas souvent au rendez-vous pour l'Anglais. En le voyant évoluer dans la Williams, ses adversaires reprennent espoir. Ils sont sûrs de leur valeur et rêvent d'un résultat mirifique. Aujourd'hui, Damon Hill est porteur de tous leurs rêves. Il s'envole au départ. Il est au commandement du Grand Prix d'Angleterre, alors qu'il y a un an, il se battait sans doute deux fois plus pour conserver sa voiture sur la piste et finir la course, épuisé. Cette fois, il lutte pour la victoire, même si elle se refuse à lui, une fois de plus, en vue de l'arrivée. Mais l'occasion se présentera à nouveau. La situation est autrement plus frustrante pour Ukyo Katayama, qui a passé la plus grande partie de ce Grand Prix les yeux rivés sur les miroirs de ses rétroviseurs pour terminer treizième, à plus de quatre tours d'Alain Prost, le vainqueur au finish de cette course vertigineuse. Mais qui sait si le petit Japonais n'est pas plus heureux que Brundle, De Cesaris, Hill, Zanardi, Boutsen, Badoer, Martini, Wendlinger, Berger et son compatriote Aguri Suzuki, tous contraints à l'abandon.

L'ex-Beatles George Harrison est un fana de Formule 1. Il ne rate jamais le Grand Prix de Grande-Bretagne.

Le roi Hussein de Jordanie se laisse guider sur la grille de départ du Grand Prix de Grande-Bretagne par l'ancien champion automobile Innes Ireland, qui devait décéder quelques mois plus tard, à la veille du Grand Prix du Japon.

PODIUM : A. PROST, M. SCHUMACHER, R. PATRESE

Le talent et la générosité de Jean Alesi n'ont pas été récompensés à Silverstone.

HILL MANQUE D'AIR

GRAND PRIX D'ALLEMAGNE - HOCKENHEIM - 25 JUILLET

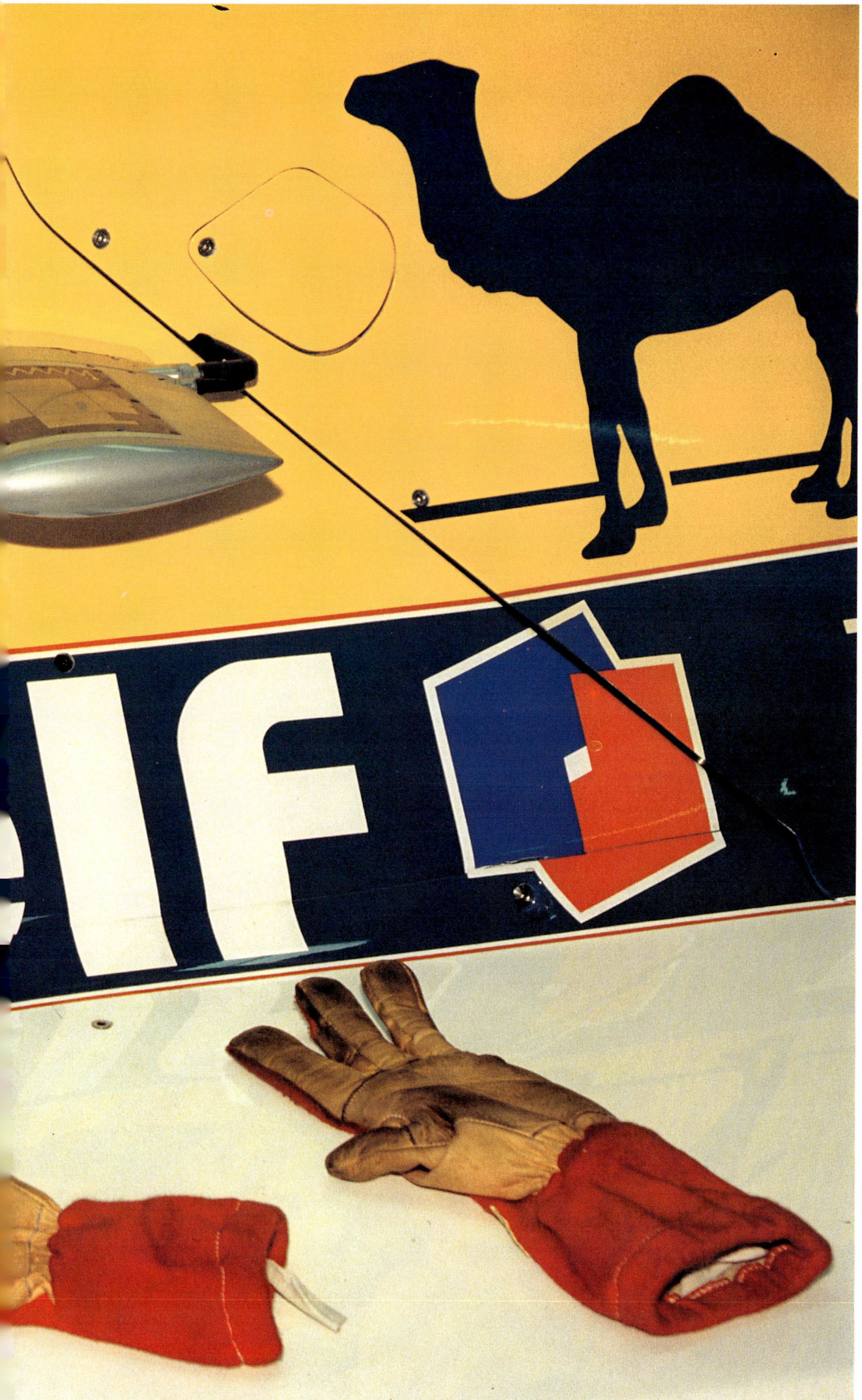

LA POINTE FROIDE D'UN COUTEAU NE DOIT PAS FAIRE PLUS D'EFFET. DAMON HILL ENCAISSE LE CHOC, MAIS N'EN CROIT PAS SES YEUX. LE TABLEAU DE BORD "HIGH TECH" DE SA WILLIAMS-RENAULT S'ILLUMINE D'UN VOYANT ORANGE. CE TÉMOIN LUMINEUX INFORME LE PILOTE QU'UN DÉBUT DE CREVAISON SUR UN DES PNEUMATIQUES EST EN TRAIN DE SE PRODUIRE.

Dans ce Grand Prix d'Allemagne, Damon Hill a perdu la main en vue de l'arrivée.

L'épaisse forêt d'Hockenheim traversée par d'innombrables flèches multicolores.

Martin Brundle peut fulminer. Un podium était à sa portée.

Pour l'instant, l'Anglais n'a pas franchement le temps de s'en inquiéter. Il doit d'abord négocier au mieux l'avant-dernière chicane dont est truffé le circuit d'Hockenheim. Il perçoit une légère altération du comportement de sa machine. Mais, à deux tours de l'arrivée, sur cette piste surchauffée, alors que Hill a préféré l'option de ne pas s'arrêter à son stand pour le classique ravitaillement en pneumatiques, il est finalement normal que les gommes souffrent et n'offrent plus l'adhérence optimale. Les deux mains sur son petit volant, Hill maîtrise instinctivement une petite dérobade du train arrière. Son pied droit enfonce la pédale d'accélérateur, libérant la cavalerie de son moteur Renault V10. Plus de 750 chevaux le propulsent en avant. D'un geste mécanique de la main droite, Hill monte les vitesses grâce à la manette qui est située derrière le volant. Le voyant orange ne s'est pas éteint! Damon Hill se fait cette réflexion quand une alerte plus sérieuse se produit. Sa monoplace lui échappe presque. D'un rapide coup d'œil dans son rétroviseur gauche, Hill aperçoit une volute de fumée bleue. Un pneu arrière rend l'âme. La bande de roulement surchauffée se désagrège et part en lambeaux. Incrédule, Hill est comme hypnotisé par l'image qu'il perçoit dans le petit miroir de son rétroviseur. Il ne regarde même plus devant lui. Il comprend que ses espoirs de remporter la première victoire de sa jeune carrière viennent de s'évaporer dans une odeur de gomme brûlée. Têtu, l'Anglais ne renonce pas pour autant. Une fusée jaune et bleu le double. C'est la voiture de son équipier Alain Prost. Puis une autre, entièrement jaune. C'est la monoplace de Michael Schumacher qui vole vers la deuxième place. Elle vient de lui échoir grâce à l'incident qui frappe le leader.

Quelques centaines de mètres devant, au bout de la ligne droite de la forêt, Hill perçoit l'agitation qui embrase le stadium d'Hockenheim. Des drapeaux allemands, noir, sang et or, ondulent jusqu'à former une tempête. Elle emporte les derniers espoirs de Damon Hill, le maudit. Dans son esprit, il ne s'agit pas d'un déchappage classique, mais plutôt d'une crevaison sur un débris. A cet instant, Hill sait déjà que la victoire ne sera pas pour lui, mais il y a peut-être quelque chose à récupérer : une place sur le podium, quelques points, une manière de satisfaction. Bien sûr, ce n'est pas comparable à un premier succès, mais les exigences professionnelles des pilotes excluent les états d'âme. Le Britannique ne sait pas s'il pourra rejoindre les stands avec sa voiture blessée, mais il tente le coup. Ce n'est plus un pur-sang qu'il a entre les mains, mais un fauve blessé. Parcourir ces quelques centaines de mètres est un véritable calvaire. Un claquement sec lui signale que la bande de roulement du pneu abîmé vint de se détacher. Surveillant ses arrières, Hill voit tous les pilotes encore en course le doubler. C'est tellement énorme que Hill ne parvient pas à masquer un rictus coincé entre sourire et nervosité. La course s'est déroulée trop vite. L'Anglais a vaguement compris que son équipier Prost, brièvement leader aux 8e et 9e tours, a en fait été pénalisé, mais il en ignore les raisons. Aujourd'hui, tout était réuni pour qu'il s'impose enfin. Après Prost et Schumacher, c'est au tour de Blundell, de Senna, de Patrese et de Berger de le doubler. C'est la grande dégringolade. Au ralenti, la Williams-Renault numéro 0 débouche dans le stadium surchauffé. Quand la monoplace s'engouffre dans l'étroite piste de décélération, la foule ne comprend pas la manœuvre. Aussi près du but, Hill n'a rien à gagner. De toute façon, même en changeant de pneumatiques et en reprenant la piste, le jeune pilote de l'écurie Williams n'a aucune chance de conquérir ne serait-ce qu'un point. Mais le pire est encore à venir. Alors qu'il négocie la petite chicane aménagée à l'entrée des stands, Damon Hill accélère trop tôt et trop fort. Privée d'adhérence, la monoplace lui échappe. Devant des milliers de spectateurs, Hill part en tête-à-queue et cale. C'est le comble de l'humiliation. Stoppée en travers, sa voiture est poussée sans ménagements par les commissaires de piste. En quelques gestes mécaniques, Damon Hill dégrafe son harnais, retire son volant et sort de son cockpit. Ultime entrave, il débranche le fil de la radio. Et se retrouve seul au monde. Un bourdonnement envahit son crâne. Il a toujours l'impression d'entendre le hurlement du moteur V10 Renault dans ses oreilles, mais ce n'est qu'une illusion. Cette fois, c'est fini.

L'autre Williams-Renault, celle d'Alain Prost, passe en trombe sur la ligne droite des stands. Le drapeau à damier est agité devant Prost. C'est la quatrième victoire consécutive du Français, et la septième d'une saison où tout semble lui réussir. A peine 30 kilomètres en tête lui ont suffi pour ajouter un succès à son palmarès. Hill peut toujours cogiter sur les 279 kilomètres qu'il a bouclés en leader, rien ne changera le classement de ce maudit Grand Prix d'Allemagne. Comme un automate, Hill marche jusqu'à son stand, mais celui-ci est vide. La plupart des mécaniciens sont allés saluer la victoire du premier pilote de l'écurie. Il n'y a que Frank Williams, vissé sur son fauteuil roulant, pour lui adresser un regard de compassion. Alain Prost revient au ralenti vers le parc fermé. Il ne tourne même pas la tête vers l'autre Williams. Seule lui importe cette victoire supplémentaire, la cinquante et unième d'un formidable palmarès. Cette victoire au cœur de l'été est d'autant plus précieuse que Prost porte à un total de 27 points son avance au championnat sur son grand rival Ayrton Senna.
Alors qu'une forte odeur de champagne inonde les motor-homes Williams et Renault, Damon Hill, suivi de près par sa femme, quitte sans attendre le circuit d'Hockenheim. Il veut oublier ce dimanche noir au plus vite.

L'écurie de Gérard Larrousse n'a pas connu la réussite attendue en Allemagne.

PODIUM : A. PROST, M. SCHUMACHER, M. BLUNDELL

**Le héros national Michael Schumacher, objet de toutes les attentions.
L'Allemand terminera sur le podium non loin du vainqueur, Alain Prost.**

TTON SPORTS
olivetti

THÉÂTRE D'ILLUSIONS. LE STAND D'UNE ÉCURIE DE FORMULE 1 N'EST PAS LOIN D'Y RESSEMBLER. D'UN CÔTÉ LE PILOTE VEDETTE, DE L'AUTRE, CELUI QUI EST GÉNÉRALEMENT CONSIDÉRÉ COMME LE NUMÉRO DEUX.

A l'image de Senna, les leaders ont terminé à pied le Grand Prix de Hongrie, les seconds couteaux en ont profité.

LA COURSE DES SECONDS COUTEAUX

GRAND PRIX DE HONGRIE - HUNGARORING - 15 AOÛT

Dans les faits, l'égalité est pratiquement impossible à obtenir. Pour un pilote de Grands Prix, le premier adversaire est forcément le voisin de stand. La comparaison est trop facile et trop évidente pour les observateurs. Avec des monoplaces *a priori* identiques, le plus rapide et le plus régulier des deux est vite désigné. Il y a plusieurs façons d'être le numéro deux. Il y a l'évidence contractuelle. Au moment où il est engagé, le pilote connaît, et accepte, le traitement sportif qui lui sera réservé. En règle générale, le deuxième pilote n'a l'usage de la voiture de réserve que dans les cas extrêmes. Il doit s'effacer, voire céder sa machine, quand la vedette de l'équipe est victime d'un problème mécanique sérieux ou s'il détruit sa monoplace dans un accident. Le numéro deux, outre un traitement économique plus modeste que celui de son chef de file, reçoit une attention moins soutenue de la part des ingénieurs et techniciens. S'il présente la plus petite faiblesse de caractère et affiche quelques doutes au sujet de ces choix techniques, il court à sa perte. La confiance placée en lui s'effrite.

Et puis il y a ceux qui se positionnent clairement comme des soutiens sans faille à leur leader. Pour eux, la vie est souvent plus facile. Fort de cette philosophie, ils attendent des jours meilleurs. Et ils finissent toujours par arriver.

Le Grand Prix de Hongrie, onzième rendez-vous de la saison, a largement illustré cette probabilité.

Au départ, il y a un Grand Prix normal, et aucune raison de penser que les ténors vont trébucher ou terminer à pied. Au pire, l'un d'entre eux peut connaître un "jour sans" pour mieux laisser la place à une autre vedette du peloton.

Sur le drôle de circuit, tortueux, de Budapest, la logique a été bousculée.

Tout commence avec un calage presque grotesque. Au moment de quitter l'emplacement de la pole position pour couvrir le tour de formation, Alain Prost se laisse surprendre par "l'attaque" brutale de son embrayage au carbone. Quand il relâche la pédale, Prost sent le moteur de sa Williams s'étouffer puis s'éteindre. Dès lors, il a presque déjà perdu la course. Les règlements sont formels, il doit prendre le départ derrière tout le monde. Un mécanicien intervient manuellement pour placer la boîte de vitesses sur la position "point mort". Alors seulement, Alain Prost

Une clinique ambulante pour Formule 1. La Williams-Renault dans son écrin.

peut recommencer la manœuvre. Voilà l'un des paradoxes des boîtes de vitesses semi-automatiques ultra-sophistiquées. Ce "dysfonctionnement" de Prost avec ses départs fait le bonheur de Damon Hill qui s'installe en tête de la course avec autorité. Le Britannique sait bien que Prost va remonter mais, avant qu'il puisse à nouveau l'inquiéter, il espère être en vue de l'arrivée. Après la désillusion de Silverstone et celle encore plus cruelle d'Hockenheim, Damon Hill sent que son jour est venu.

En voyant son leader Michael Schumacher partir à la faute dans le premier virage, Riccardo Patrese se fait la même réflexion. L'Italien, au volant de la Benetton, est lui aussi conforté dans cette idée quand le "génie" allemand manque à nouveau de discernement dans un dépassement un peu tangent et perd suffisamment de temps pour ne plus être un candidat à la victoire. Après Prost et Schumacher, c'est au tour de Senna de connaître un après-midi de chien. Très tonique au départ, le Brésilien est sur le point de s'offrir Hill dans les premiers enchaînements, mais le risque est trop grand. Après les multiples ennuis techniques affrontés aux essais, Senna, débarrassé de Prost, a un bon coup à jouer dans l'optique du championnat. Il n'a pas le temps d'y songer qu'il doit ranger sa McLaren-Ford sur le bord de la piste et rejoindre son stand après un footing forcé dans les hautes herbes de l'Hungaroring. La télémétrie lui signale que le système de contrôle électronique de l'accélérateur a connu une défaillance majeure. Hill respire encore un peu plus quand il apprend, grâce à un message venu de son stand, qu'Alain Prost est encore immobilisé à la suite d'un problème sur l'aileron arrière de sa Williams. Les mécaniciens entreprennent – sans enthousiasme – une réparation. Mais, pour Alain Prost, la course s'achèvera à la dernière place. Un peu plus tard, Riccardo Patrese ricane dans son casque. Lui qui n'est plus en odeur de sainteté dans l'équipe Benetton, au point d'avoir eu des mots avec Flavio Briatore, son employeur, a la satisfaction d'enregistrer l'abandon de Schumacher après un nouveau tête-à-queue. La journée des seconds couteaux se confirme. Jusque-là, Jean Alesi défendait l'honneur des "patrons" au volant de sa Ferrari, mais une grave mésentente avec Christian Fittipaldi l'expédie dans le rail à plus de 200 km/h. Choqué, à la limite du K-O, Alesi s'écroule quand il s'extrait de son épave avant de reprendre ses esprits. Cet incident fait les affaires de Gerhard Berger, jugé en retrait depuis le début de la saison. Encouragé par quelques centaines de supporters autrichiens, Berger fait son chemin en force pour parvenir aux portes du podium. Il bouscule un peu Brundle et Warwick pour y parvenir. La plupart des vedettes étant hors course, le public découvre de nouveaux noms sur le devant de la scène.

Celui de Damon Hill est en haut de l'affiche. En vue de l'arrivée, Hill est au plus mal dans l'exiguïté de son cockpit surchauffé. Avec plus d'une minute d'avance sur Riccardo Patrese, il cherche à préserver sa concentration pour ne pas laisser échapper sa première victoire en Grands Prix. Il pense à son père, illustre champion des années soixante. Il imagine les conseils que lui aurait prodigués ce vieux Graham. La solution est finalement assez simple. Damon décide de garder un rythme assez élevé sans trop prendre en considération la mécanique. Depuis le début de la course, Hill ne l'a jamais sollicitée à son maximum. Cette fois, elle doit tenir. Et elle tient.

Mille attentions pour des machines aussi fragiles que sophistiquées.

La Williams-Renault d'Alain Prost, blessée, ne lui permettra pas de bien figurer dans cette course où, l'année précédente, Nigel Mansell avait été sacré.

PODIUM : D. HILL, R. PATRESE, G. BERGER

Des centaines d'Autrichiens étaient venus encourager leur idole Gerhard Berger. Ils ont été inspirés et récompensés.

C'EST UN BEL OBJET, AVEC SES MÉTAUX PRÉCIEUX SAVAMMENT USINÉS ET SES PIÈCES DE CARBONE QUI AJOUTENT À SON ÉLÉGANCE. LE MOTEUR RENAULT QUI PROPULSE LES WILLIAMS – ET LES LIGIER – ATTIRE LES REGARDS ET ATTISE LES ENVIES. QUEL MANAGER NE RÊVE PAS DE VOIR SES MONOPLACES ANIMÉES PAR CE FORMIDABLE OUTIL ?

Frank Williams, le patron de l'écurie qui porte son nom, n'est jamais très loin de ses machines pendant un week-end de Grand Prix.

GRAND PRIX DE BELGIQUE - SPA-FRANCORCHAMPS - 29 AOÛT

Le moteur Renault dans toute sa splendeur. Un moteur à cinquante bougies.

Damon Hill a offert à Renault son cinquantième succès en Formule 1.

La famille Renault est d'ailleurs très fière de son V10, déjà champion du monde en 1992 et toujours dominateur en 1993. Même si le moteur français est le produit du travail de toute une équipe, sa paternité est attribuée à Bernard Dudot, directeur technique de Renault-sport, déjà responsable de la réussite du précédent moteur Renault, le V6 turbo.

Le V10, lui, a été conçu entre 1986 et 1988, mais, pour Bernard Dudot, sa date de naissance est plus précise que sa date de présentation officielle en juin 1988. "Pour moi, le V10 Renault est né le 30 janvier 1988, quand il a tourné pour la première fois au banc d'essai." Surnommé EF30 jusqu'à cette date, le moteur Renault est ensuite baptisé RS1 et est déjà promis à une Williams qu'il doit propulser en 1989. De cinq exemplaires, la famille du RS1 grossit jusqu'à vingt-cinq unités. Peu à peu amélioré, il est installé dans un châssis de course à la fin de l'année 1988.

Il faut alors définir sa réaction aux réglages, comprendre ses courbes de fonctionnement. "Déjà, le moteur V10 de 3 500 cm³ était un engin docile et sympa", se souvient son "père". Bien sûr, il avait quelques faiblesses, comme cette fragilité des coussinets et des supports du vilebrequin qui endommageait parfois cette pièce maîtresse, considérée comme la pièce la plus noble du moteur. Hormis ce problème grave, mais vite localisé et résolu, les ingénieurs et techniciens du V10 Renault n'ont jamais buté sur un défaut fondamental. Exploité en course au début de la saison 1989, le RS1 remporte deux épreuves, puis devient le RS2. Sa spécification change, mais son âme et son architecture ne varient pas. Seul le mode de distribution varie. Au fil des saisons, les techniciens resteront attentifs à cette partie du moteur pour faire face aux régimes de rotation toujours grandissants. En 1990, le RS2 a perdu du poids et tourne plus vite.

Avec l'arrivée du RS3 en 1991, les améliorations sont encore plus spectaculaires. L'alésage et les culasses sont modifiés. Le moteur est plus compact et rigidifié. Il donne toute satisfaction. A tel point qu'il est décliné en versions A puis B jusqu'au milieu de la saison 1992. Peu après la mi-saison, ce moteur est sacré champion du monde avec Mansell. Le Renault RS3 s'avère être le moteur le plus fiable jamais mis au point chez Renault-sport. "Ce mo-

PODIUM : D. HILL, M. SCHUMACHER, A. PROST

teur a pris cinquante-deux départs sans jamais connaître d'incident mécanique, souligne Bernard Dudot, mais, une fois le titre acquis, nous avons osé des choses plus risquées dès que nous avons mis en piste le RS4, lequel a connu quelques dysfonctionnements attendus."

A la fin de la saison 1992, le V10 Renault atteint alors sa maturité. Le RS4 hérite d'une nouvelle distribution, toujours pour faire face à des vitesses de rotation inimaginables il y a quelques saisons. Ce paramètre est tenu secret, mais le régime maximal du V10 Renault est estimé aux alentours de 14 500 tr/min, pour une puissance qui dépasse largement les 70 chevaux. Les motoristes sont eux-mêmes étonnés par certaines frontières techniques. "Nous ne pensions pas être capables de remplir les chambres de combustion aussi vite et surtout de suivre le front de flamme de l'allumage aussi loin. Le fait de réduire le temps de combustion de cette façon est une véritable anomalie. C'est comme pour la vitesse des pistons que nous enregistrons aujourd'hui et que l'on n'espérait pas il y a encore quelques années."

A cet égard, le partenariat de Renault avec l'Aérospatiale n'est pas dû au hasard. Les matériaux et les technologies usités en Formule 1 l'exigent. La génération RS4 du moteur V10 n'a pas duré. Très vite, le RS5 est apparu, avec son lot de modifications et d'améliorations : conduits d'admission affinés, chambres de combustion redessinées, sortie de culasse et distribution adaptées aux contraintes mécaniques en constante augmentation. Le RS5 est devenu ce moteur roi équipant – à égalité – les Williams et les Ligier. Mais ce V10, né dans les ateliers de Viry-Châtillon, semble ne jamais devoir en finir avec sa croissance. Bernard Dudot révèle que le prochain RS6 de la future saison est sur les voies d'un succès espéré. "Des mois à l'avance, on le connaît déjà à 80 %,et les grandes lignes de son développement technique sont définies pour qu'il soit installé dans une monoplace à l'intersaison."

Paradoxalement, en prenant de l'âge, le moteur Renault a perdu du poids, un autre exploit. Il pesait 146 kilos à sa naissance, il ne pèse pas plus de 140 kilos aujourd'hui, alors que l'augmentation des performances passe par une résistance accrue des pièces forcément plus lourdes. Les motoristes français ont également maîtrisé ce problème. "On écoute battre le cœur de notre moteur en permanence, et cette observation a permis de prolonger sa durée de vie." La mort de ce dix cylindres magique n'est sûrement pas pour demain. Pour Dudot, cette architecture et ce nombre de cylindres restent le meilleur choix possible en fonction des contraintes de poids et de place, mais aussi à cause des connaissances mécaniques actuelles : "Tant que le moteur prouve qu'il peut évoluer, il faut poursuivre les recherches. Un changement d'architecture est trop radical, il faut donc alimenter ce moteur en technologie. Un aveu de faiblesse ou de méconnaissance serait d'aller maintenant vers le V12. En revanche, si nous faisions un grand bond en avant dans la compréhension des contraintes mécaniques et thermiques, tout en sachant utiliser de nouveaux matériaux, la logique nous pousserait à faire un petit V8, plus facile à caser dans un châssis. Mais, pour l'instant, nous n'avons pas les connaissances pour exploiter un tel moteur avec l'ambition de gagner."

Et, dans ce Grand Prix de Belgique, l'honneur d'allumer la cinquantième bougie victorieuse du V10 français devait échouer à l'Anglais Damon Hill, laissant Prost, troisième, un tantinet amer.

Michael Schumacher, qui avait commencé sa carrière en Formule 1 à Spa en 1991 et avait signé son premier succès en F1 un an plus tard sur ce même circuit, a bien failli renouveler cet exploit cette année. Sans un départ raté...

Les tifosi sont partout, mais le vertigineux circuit de Spa-Francorchamps n'a pas porté chance aux Ferrari.

Un passage en force de Philippe Alliot, au volant de sa Larrousse-Lamborghini, dans l'unique chicane du circuit de Spa-Francorchamps.

OUSSE
ANUSSI
INVEST

AU-DESSUS DE LA LOMBARDIE, L'AUTOMNE EST EN AVANCE DE QUELQUES JOURS. LE CIEL SE CONFOND AVEC LA BRUME QUI DESCEND JUSQU'AU SOL. LA PLUIE FINE ET CONTINUE DÉTREMPE LE PAYSAGE À TROIS JOURS DU GRAND PRIX D'ITALIE. CE CIEL BOUCHÉ NE FAIT PAS L'AFFAIRE DES PILOTES DE F1.

Toute l'intensité de la Formule 1 est résumée dans ce regard de Jean Alesi, observé par des milliers de tifosi.

JEAN ALESI OU LA "VIE-TIFOSI"

GRAND PRIX D'ITALIE - MONZA - 12 SEPTEMBRE

Un départ de Grand Prix est toujours une affaire d'allumés!

La pire des façons de rentrer au stand.

La plupart se déplacent en hélicoptère pour échapper aux embouteillages et à l'enthousiasme des tifosi et les voilà coincés au sol. Jean Alesi n'est pas long à prendre une décision. Il annule sa luxueuse chambre réservée à la *Villa d'Este*, située au-dessus du lac de Côme, et trouve refuge au célèbre hôtel *Fossati*, caché dans la verdure de Canonica. Ainsi, en moins de dix minutes, il peut rejoindre l'autodrome sans aucun problème. Et puis, avantage de taille, il peut se rendre à pied au *ristorante Antico Fossati* quelques centaines de mètres plus bas. De l'avis général des habitués de la F1, c'est l'endroit le plus convivial et le plus délicieux de la saison.

Compte tenu des nouvelles réglementations concernant les essais privés, l'équipe Ferrari a pu procéder à une séance d'essais la semaine précédente sur le circuit de Monza. Il s'agit là d'un avantage non négligeable, et Jean Alesi sait que le gros du travail de mise au point a été accompli à cette occasion. Jean est surtout satisfait d'avoir réussi à boucler la distance complète d'un Grand Prix sans connaître de soucis majeurs. La certitude d'utiliser le moteur V12 modifié et équipé de quatre soupapes par cylindre le rend optimiste. A la presse italienne médusée, l'Avignonnais annonce qu'une Ferrari peut gagner à Monza. Il pense à la sienne, bien sûr. Au pire, il promet un podium. Même au sein de la Scuderia, on prend le Français pour un illuminé. Alesi, lui, prépare ce week-end de folie en compagnie de quelques amis et de José Alesi, chargé de gérer au mieux les affaires de son jeune frère. Le vendredi matin, Jean se félicite de ne pas avoir gardé sa chambre à la *Villa d'Este*. La plupart des hélicoptères sont en retard ou ne décollent pas. Alain Prost arrive plus de vingt minutes après le début de la séance. Il est finalement venu en voiture. Jean se contente de couvrir une dizaine de tours en fin de séance, sur une piste qui n'est pas encore tout à fait sèche. Le festival, c'est pour l'après-midi et la première séance de qualification. Longtemps, la Ferrari n° 27 dispute la pole position aux Williams-Renault, pourtant archi favorites sur ce circuit qui favorise les moteurs les plus puissants. Le lendemain, Jean Alesi confirme ses chronos et préserve sa place en deuxième ligne en compagnie de Senna. Il y a moins d'une demi-seconde entre la Williams-Renault de Hill et la Ferrari d'Alesi. Le jeune Avignonnais se paye pourtant une émotion forte alors que la dernière séance vient de s'achever. Après deux journées d'essais de sans-faute absolu, Jean salue la foule venu l'applaudir. Il roule au ralenti (environ 100 km/h à bord d'une Formule 1) quand surgit son équipier Gerhard Berger qui n'a pas vu le signal de la fin de séance. Jean aperçoit la deuxième Ferrari au dernier moment et donne un coup de volant sur la gauche pour lui ouvrir la trajectoire. Lancé à 328 km/h, Berger a justement choisi ce côté de la piste, et c'est l'accident. L'Autrichien évite d'un rien la Ferrari d'Alesi, mais pas le rail, qu'il va percuter à plus de 300 km/h avant de finir sa course folle 300 mètres plus loin, l'avant de sa monoplace complètement détruit. Berger est choqué mais indemne.

En début de soirée, Jean Alesi s'est complètement remis de cette aventure éprouvante pour les nerfs. Il s'accorde même un verre de vin rouge à la table du *Fossati*, puis se décide enfin à se coucher vers 11 heures. La Formule 1 a besoin de pilotes

***Carabinieri*, tifosi, Alesi, *vox populi*, l'Italie à la folie.**

de la trempe d'un Alesi. Doué, généreux dans la vie comme au volant, et surtout n'ayant rien perdu de sa fraîcheur. Le talent et l'ambition n'excluent pas toujours la décontraction.

Pour mieux saluer le retour en forme des Ferrari, le mythique circuit est baigné d'un chaud soleil le dimanche matin. La course s'annonce superbe. Quelques minutes avant le départ, Alesi est allé rendre visite à son copain Prost. Il se sont promis de se retrouver sur le podium. Si le pilote de la Williams l'emporte, il décrochera son quatrième titre. Alesi espère fêter cet instant avec Alain. En attendant, il y a un départ à prendre. Comme souvent, celui de la Ferrari d'Alesi est parfait. Il prend même le meilleur sur Damon Hill, mais ne peut – et ne veut – rien tenter sur celle de Prost. Suivi de près par Senna, Alesi ne voit pas le Brésilien s'accrocher avec Hill. Les deux hommes repartent, mais ils ont perdu beaucoup de terrain. La menace la plus immédiate vient de la Benetton-Ford de Schumacher. Alesi fait alors étalage de toute sa classe. Plutôt que de résister inutilement, Alesi cède sous les assauts de l'Allemand. Fougueux aux essais, le jeune Français se montre toujours d'une extrême prudence en course. Il a raison puisque, quelques tours plus tard, même si Damon Hill l'a passé au cours de sa remontée, Alesi retrouve une place sur le podium grâce à l'abandon – moteur cassé – de Schumacher. Il sait qu'il ne peut pas espérer beaucoup mieux aujourd'hui. Le public italien est déjà satisfait de cette place. Il faut attendre la fin de course, et un coup de théâtre, pour qu'Alesi progresse encore d'un cran. L'abandon de Prost à quatre tours de l'arrivée – moteur explosé – est un déchirement. Son abandon offre à Jean la deuxième place, mais empêche Prost de coiffer une nouvelle couronne. Ce n'est que partie remise. En attendant, la foule s'est dressée. Berger n'est plus là depuis longtemps et les espoirs des tifosi reposent sur Jean Alesi. Quand il franchit enfin la ligne, tout Monza semble se diriger vers le podium. A la fin de son tour d'honneur, Alesi fend cette marée humaine à coups d'accélérateur. Il sait que s'il ne parvient pas à rejoindre le parc fermé, la belle Ferrari sera cannibalisée. C'est donc en force qu'il se crée un passage. Après ces quelques minutes d'angoisse, Jean Alesi peut enfin savourer son bonheur. Pour l'Italie, il a les traits d'un héros.

Double page suivante : il suffit finalement de franchir la ligne.

PODIUM : D. HILL, J. ALESI, M. ANDRETTI

Canon
Labatt's
RENAULT
elf
0

PROST : ENTRE SACRE ET RETRAITE

GRAND PRIX DU PORTUGAL - ESTORIL - 26 SEPTEMBRE

UN VENT FRAIS VENU DE LA TERRE S'EST LEVÉ. IL FILE VERS L'OCÉAN ATLANTIQUE TOUT PROCHE, ENTRAÎNANT DANS SA COURSE TOUS LES NUAGES. IL VA FAIRE BEAU, ET LES ORGANISATEURS DU GRAND PRIX DU PORTUGAL PEUVENT SE RÉJOUIR. C'EST LA DERNIÈRE ÉPREUVE DU CHAMPIONNAT À SE DÉROULER EN EUROPE, ET LA BEAUTÉ DU CIRCUIT EN FAIT UN RENDEZ-VOUS TRÈS PRISÉ.

Alain Prost peut poser un regard fier sur sa carrière. Avec quatre titres mondiaux et plus de cinquante victoires à son actif, il est l'un des plus grands champions de l'histoire de la course automobile.

A la fin de la première journée d'essais, la routine est interrompue brutalement. Avec le plus grand détachement, Ayrton Senna annonce son intention de quitter l'écurie McLaren qu'il avait rejointe en 1988 pour cohabiter avec Alain Prost. Prost, il en est justement fortement question à cet instant précis. Une conférence de presse qui n'était pas du tout prévue au programme est improvisée pour le milieu de l'après-midi dans la petite salle des briefings. Frank Williams, un représentant de Renault et Alain Prost lui-même seront présents. La surprise est totale et les supputations vont bon train. Elles ne durent pas. A 15 h 30, Alain Prost prend la parole devant un mur de micros, de caméras et de journalistes silencieux. En quelques phrases, l'essentiel est dit. Prost a décidé de mettre un terme à sa carrière à la fin de la saison 1993, sans utiliser l'option pour courir un an de plus chez Williams-Renault. Il n'est pas encore champion du monde pour la quatrième fois de sa carrière, mais il n'est pas troublé par cette situation. Cette couronne qu'il tient déjà fermement d'une main ne peut pas lui échapper. C'est une question de temps et surtout de points. Avec trois Grands Prix encore au programme, c'est presque gagné.

Les explications sont multiples pour justifier cette retraite, finalement anticipée. Même à trente-huit ans, Alain Prost pouvait prétendre tenir sa place quelques saisons de plus. L'intéressé précise justement : "Je ne voulais pas faire l'année de trop. Il faut savoir s'arrêter au bon moment et, pour moi, ce moment est arrivé. Partir au sommet est une bonne chose. Je suis en Formule 1 depuis plus de treize ans, je n'ai jamais perdu la motivation, même si je n'ai pas toujours été ménagé. Je viens de vivre une saison formidable avec mon équipe. Sur le plan technique, ce fut également passionnant. Mais aujourd'hui, je dois reconnaître que ce sont plutôt des événements extérieurs qui m'ont convaincu de prendre cette décision. Et je suis heureux de l'avoir prise. Le jeu n'en valait plus la chandelle. Et puis, il ne faut pas négliger l'aspect risqué de la course automobile, qui m'a tout apporté sur le plan social et sportif. Je suis serein, même si j'aurais

Prost a abordé cette antépénultième course de sa riche carrière avec une détermination égale, et une quatrième couronne à la clé.

Page de gauche : la lumière d'un mois de septembre sur la cité atlantique portugaise.

PODIUM : M. SCHUMACHER, A. PROST, D. HILL

préféré vous annoncer cette nouvelle au soir de mon quatrième titre, mais les spéculations vont trop vite en Formule 1 et il était temps de préciser ma position." Voilà qui est fait, et dans cette salle surchauffée d'Estoril, beaucoup sont abasourdis. Pourtant, depuis quelques semaines, Alain Prost n'était plus tout à fait le même. Un changement imperceptible dans son comportement trahissait une grande méditation intérieure. Le fruit de cette méditation est en fait une retraite bien méritée pour un des plus grands champions français de tous les temps. Prost a rappelé au passage que le Grand Prix d'Australie, le dernier de la saison, mettra fin à une carrière longue de plus de vingt ans depuis ses débuts en karting et qu'à cette époque, il n'imaginait pas aller aussi loin. Ce n'est pas sans émotion que l'on voit partir un champion de cette envergure. Prost était le dernier de la fameuse bande des trois – Platini Noah, Prost – à être encore en activité. La France n'a plus qu'a se chercher de nouveaux héros pour succéder à cette glorieuse génération perdue.

Voilà Prost débarrassé d'un lourd fardeau. Depuis un mois, il avait arrêté sa décision. Depuis une semaine, ses plus proches amis savaient. Les responsables de son écurie avaient été mis dans la confidence, histoire de préparer au mieux la succession, si ce n'était déjà fait. Mais, pour le pilote professionnel Alain Prost, le Grand Prix du Portugal ne fait que commencer. Une fois installé dans sa monoplace, Prost possède cette formidable faculté de pouvoir faire le vide pour ne se consacrer et ne penser qu'à la tâche du moment. L'objectif immédiat au soir des premiers essais est de conserver la pole position et surtout de glaner le maximum de points à la fin de la course, pour ne plus avoir cette fausse incertitude qui se promène dans la tête, celle concernant ce fameux quatrième titre mondial. Prost l'a dit à Monza déjà : "J'aimerais en finir rapidement avec le titre pour offrir une belle fin de saison où je pourrais attaquer sans arrière-pensées." Ce titre de champion du monde annoncé et promis avant le début de la saison se fait attendre. Les choses n'ont pas été aussi simples. Il y a un détail qui perturbe Prost. Mansell, l'année précédente et à la même époque, était sacré depuis longtemps. Alors, il est temps d'en finir.

Pour preuve de son engagement une fois au volant, Prost se fait piéger dans la dernière séance qualificative et sort de la piste. Il se fait subtiliser le meilleur temps par son équipier. Hill n'en profite pas au départ. Il a calé au moment du tour de chauffe, et le voilà loin derrière le peloton. Malmené par la jeune garde, Alain Prost glisse à la quatrième place d'un paquet turbulent. Devant tout le monde, il y a son ami Jean Alesi. Reste à prendre la mesure de Mika Hakkinen – le fougueux remplaçant de Michael Andretti chez McLaren – et d'Ayrton Senna, l'ennemi intime de toujours. Les hasards de la course sont avec Prost. Alesi doit renoncer à sa première place après son changement de pneumatiques, Senna est victime de sa mécanique, Hakkinen de sa fougue. Il n'y a plus que l'opportuniste Schumacher pour faire barrage à Prost. Mais, pour le Français, la deuxième place est suffisante pour remporter le titre. Hill est bien revenu, mais il est derrière. C'est l'essentiel. Alain Prost, en préretraite, fait étalage d'un panache inhabituel, mais, au final, il doit se contenter de la deuxième place pour enfiler une quatrième couronne qui lui fait dire : "Je suis fier de ma carrière, mais j'espère que l'on se souviendra que j'ai surtout été le premier Français champion du monde de Formule 1."

Michael Schumacher s'affirme comme l'un des champions de demain.

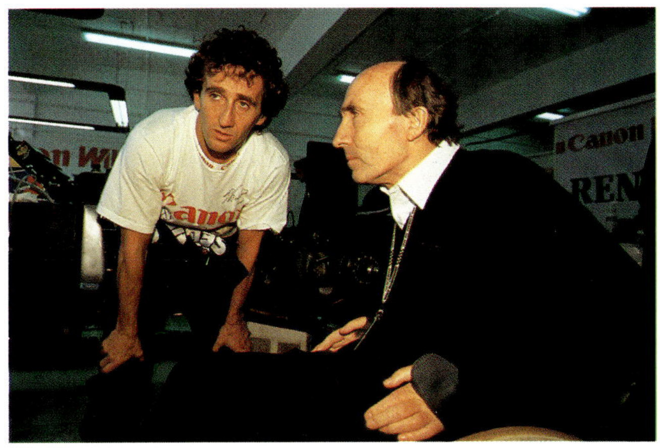

Attitudes : Michael Schumacher en vainqueur, une belle inconnue, Alain Prost et son futur ex-patron Frank Williams, Mika Hakkinen ou l'énergie venue du Nord et Damon Hill à la recherche du temps gagné.

Double page suivante :
La limite d'une trajectoire, et même plus... symbolisée ici par un passage tangent du jeune Luca Badoer sur la difficile piste d'Estoril.

LES TUEURS REVIENNENT TOUJOURS SUR LES LIEUX DE LEURS MAUVAIS COUPS. À LEUR FAÇON, AYRTON SENNA ET ALAIN PROST SONT DES TUEURS. DEPUIS PLUS DE DIX ANS, ILS ONT DÉCIMÉ LA CONCURRENCE ET N'ONT LAISSÉ QUE PEU DE CHANCES DE SURVIE À LEURS ÉQUIPIERS ET ADVERSAIRES. ET PUIS, UN JOUR, À FORCE DE FAIRE LE VIDE SUR LEUR PASSAGE, ILS SE SONT RETROUVÉS FACE À FACE, SUR LE MÊME TERRAIN DE BATAILLE.

DUEL ÉTERNEL AU SOLEIL LEVANT

GRAND PRIX DU JAPON - SUZUKA - 24 OCTOBRE

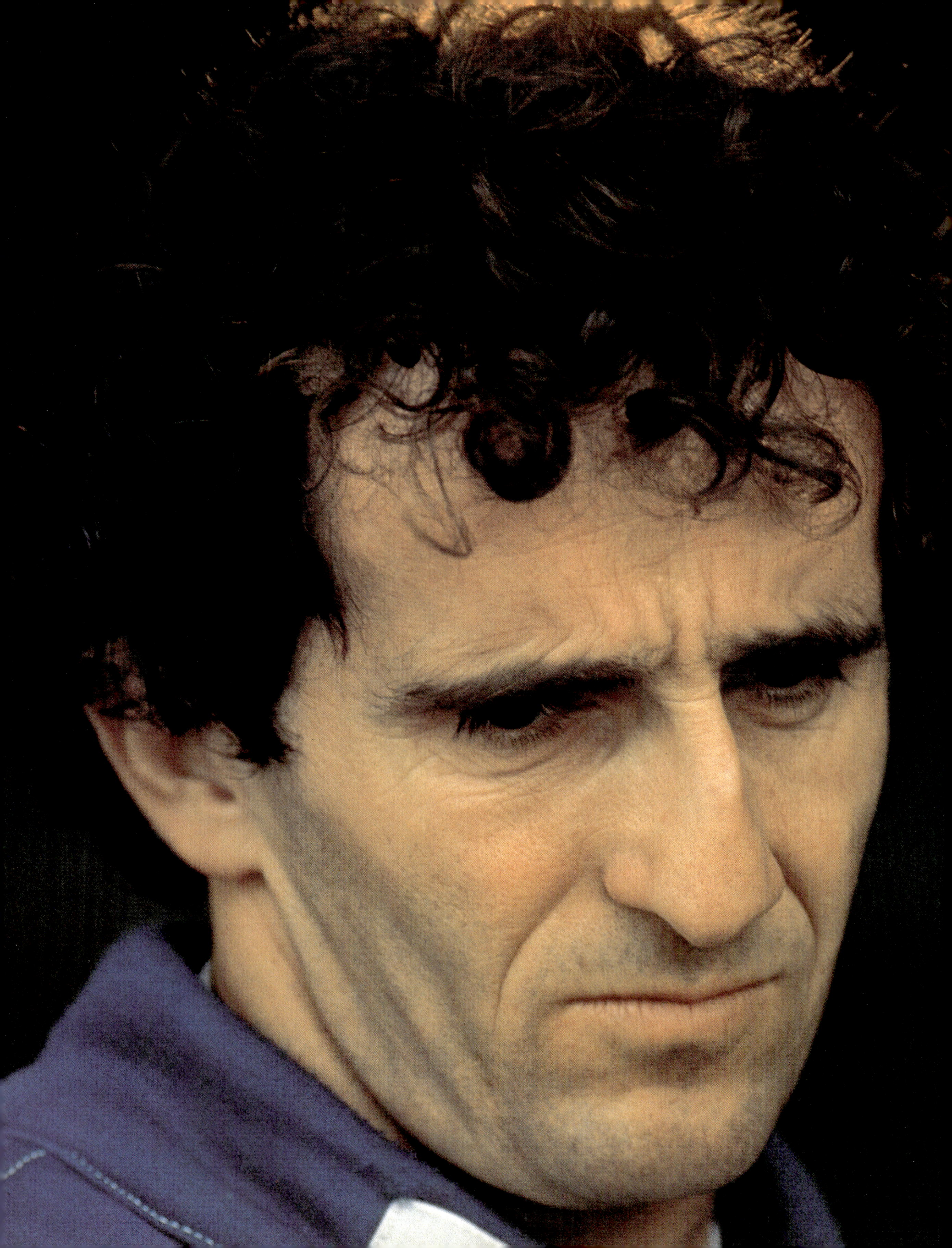

Cette fois, tout s'est bien passé au départ entre Ayrton Senna et Alain Prost pour une nouvelle grande explication qui a tourné en faveur du Brésilien après le passage de la pluie.

Ces deux guerriers ne pouvaient pas s'éviter plus longtemps. Et la guerre, inévitable, eut lieu à Suzuka. Plusieurs fois. Mais, entre Prost et Senna, l'histoire commence au début de l'année 1984. Le Français a quitté l'équipe Renault plutôt fâché à la fin de la saison 1983 et n'a trouvé refuge chez McLaren qu'en toute dernière extrémité. Il a déjà entendu parler de ce jeune Brésilien, un certain Ayrton Senna da Silva, présenté comme un petit génie, ce qui a le don d'agacer le Français. Prost profita pourtant du même honneur à ses débuts. La rencontre, sur la piste cette fois, eut lieu un peu plus tard, le dimanche du Grand Prix de Monaco 1984. Sous des trombes d'eau incongrues à cette période de l'année, Prost souffrait pour garder sa monoplace sur la piste et surtout préserver sa fragile position de leader. Revenant de très loin, Senna fit éclater au grand jour ses talents de "maître nageur" dès lors qu'il est derrière un volant. Mais il était écrit que le premier affrontement direct entre le Sud-Américain et le Français devait se sceller sur un malentendu. Les conditions météorologiques de ce Grand Prix de Monaco sont tellement exécrables que le directeur de course – le Belge Jacky Ickx – décide de raccourcir l'épreuve et abaisse le drapeau à damier devant le capot de la McLaren d'Alain Prost. Un tour de plus, et Senna aurait dû s'imposer dans le Grand Prix le plus prestigieux de l'année. Le Brésilien en est convaincu. Sur le podium, Senna est pâle de colère. Prost, soulagé, ajoute une victoire à un palmarès déjà riche.

Dès 1985, Ayrton Senna est engagé chez Lotus dont les monoplaces sont équipées du moteur Renault. Avec ce matériel, le Brésilien flambe et, surtout, fait étalage de toute sa classe dans l'exercice périlleux des qualifications. Cette année-là, Senna gagne son surnom de "Magic" et Alain Prost son premier titre de champion du monde. Déjà, les deux hommes étouffent la concurrence, et plus d'un manager rêve de les associer dans son équipe. Le premier à oser cette alchimie, et surtout le seul a en avoir les moyens, est Ron Dennis, associé à Mansour Ojjeh. Il bénéficie, en outre, des largesses du cigarettier américain Philip Morris. Le manager du team McLaren s'offre cette (coûteuse) folie. Soutenue par toute la puissance de la firme Honda, qui décide de motoriser les McLaren pilotées par Prost et Senna, l'écurie anglaise apparaît comme imbattable pour la saison 1988. Ce qu'elle est effectivement. Il faut une casse moteur pour Prost en Italie, à Monza, et la maladresse d'un attardé pour Senna pour que les McLaren-Honda ne signent pas le grand chelem lors de cette saison exceptionnelle. Au nombre de victoires, Ayrton Senna fait la diffé-

PODIUM : A. SENNA, A. PROST, M. HAKKINEN

rence au championnat et remporte son premier titre, mais la belle harmonie espérée avec Alain Prost a fait long feu. Le conflit, inévitable, sourd, puis transpire. Après de multiples escarmouches et déclarations plus ou moins graves et acides, la crise devient patente. Senna et Prost se retrouvent à Suzuka, en 1989, titre en jeu. A quelques tours de l'arrivée, Senna – alors deuxième – croit tenir sa chance et attaque son équipier dans une chicane. Froidement, Prost lui coupe la trajectoire et le sort de la piste. Le Français ceint sa troisième couronne dans une ambiance pitoyable. L'année suivante, Prost est passé chez Ferrari, et le destin décide encore une fois que le circuit de Suzuka sera le théâtre d'un affrontement décisif pour la conquête du titre. Et la triste histoire se répète. Quelques centaines de mètres après le départ, c'est au tour de Senna d'éliminer volontairement son principal adversaire après un terrible accrochage à plus de 240 km/h. Ayrton Senna est champion du monde pour la deuxième fois de sa carrière. Prost ne le sera jamais avec Ferrari, qu'il quitte avant la fin de la saison 1991.

L'année 1992, que Prost veut sabbatique, sépare les deux hommes pendant plusieurs mois et, quand leurs trajectoires se croisent à nouveau, lors de cette saison 1993, Ayrton Senna dispute sa dernière saison chez McLaren, tandis qu'Alain Prost s'est juré de conquérir une couronne avec Williams et surtout Renault. Quand Prost arrive à Suzuka pour y disputer l'avant-dernier Grand Prix de l'année, il se sait dans la peau d'un futur retraité, puisqu'il a dévoilé cette décision lors de l'ultime épreuve européenne au Portugal, juste avant de s'assurer ce quatrième titre de champion du monde dont il rêvait.

Revenir au Japon, sur des lieux chargés d'une histoire si lourde, ne laisse indifférent ni Prost ni Senna. Pour des raisons personnelles, chacun veut s'y imposer. Le Français n'a jamais triomphé au Japon. Senna espère partager le plaisir d'une victoire avec un public qui le porte aux nues depuis qu'il a multiplié les succès avec le moteur Honda. Et puis, ce pilote mystérieux fait des ravages dans le cœur des Japonaises. Pour l'avant-dernière course – leur avant-dernière –, Prost et Senna occupent la première ligne de la grille de départ. Les images du passé ressurgissent, mais la rivalité des deux champions a évolué. Ils ont le désir d'offrir un beau spectacle et surtout de se faire plaisir. Comme souvent, Senna a décidé d'attaquer. Prost a pour projet de calculer. L'un veut construire sa victoire dans les premiers tours en imposant un rythme infernal, l'autre espère assurer son succès au moment des arrêts au stand lors du changement de pneumatiques. Un élément vient pourtant bouleverser toutes les données. La pluie, qui fut souvent l'alliée d'Ayrton Senna cette année, lui permet de faire la différence. Senna l'emporte, Prost est son dauphin d'un jour. Ces deux-là ne sont pas près de se départager.

Le célèbre père de Corto Maltese, Hugo Pratt, a été chargé de décorer une des deux Ligier-Renault, dont le principal sponsor présentait sa Gitanes blonde au Japon.

Encore un rendez-vous manqué pour les Ferrari, au grand dam de leurs nombreux supporters japonais.

Les observateurs espéraient une cérémonie du podium plus chaleureuse entre Senna et Prost. Ils ont été déçus.

AUX ANTIPODES, LOIN DE L'EUROPE, C'EST LE BOUT DU CHEMIN. S'IL N'ÉTAIT CETTE JOIE DE VIVRE COMMUNICATIVE DES AUSTRALIENS, LA NOSTALGIE L'EMPORTERAIT. À BIEN DES ÉGARDS, CET ULTIME RENDEZ-VOUS DE LA SAISON RESTERA COMME UN CHAPITRE IMPORTANT DANS LE GRAND LIVRE DU SPORT AUTOMOBILE, AU MOINS POUR CE QUI EST DE L'ÉPISODE FRANÇAIS.

Les pilotes sont tous d'accord là-dessus. Ils sont heureux d'achever le championnat devant le public australien, enthousiaste et chaleureux .

GRAND PRIX D'AUSTRALIE - ADELAÏDE - 7 NOVEMBRE

Le geste de respect que tout le monde attendait. C'est avec une pointe de nostalgie qu'Alain Prost et Ayrton Senna comprennent qu'ils viennent de se mesurer sur la piste pour la dernière fois.

Les deux géants - Senna et Prost - ont retrouvé le sourire. A eux deux, ils totalisent 92 victoires en Grand Prix, sept titres de champion du monde... et quelques millions de dollars.

Ce 7 novembre 1993 est la date choisie par Alain Prost pour tourner la page de sa carrière de pilote de Formule 1. Comment rester insensible à un tel événement ?
Depuis ses débuts au plus haut niveau en janvier 1980, à l'occasion du Grand Prix d'Argentine, jusqu'à ce Grand Prix d'Australie quatorze années plus loin et treize saisons de courses plus tard, Prost s'est construit l'un des plus beaux palmarès du sport français. Au-delà des 4 titres mondiaux, des 51 victoires, des presque 800 points glanés au fil des 199 Grands Prix courus, des multiples records du tour, des 33 pole positions, des innombrables podiums escaladés, l'exploit le plus significatif d'Alain Prost n'est-il pas de n'avoir à déplorer qu'un poignet foulé pour toute blessure ? C'est en tout cas le premier constat dressé par le héros auvergnat à l'heure d'en finir avec son dernier – oui, le dernier – tour dans l'étroit et inconfortable cockpit d'une monoplace de Formule 1, dans la combinaison d'un pilote de course. Il quitte la scène sur une deuxième place qui ajoute à son aura. Il a acquis ce résultat de haute lutte derrière son plus farouche adversaire, Ayrton Senna. Alors qu'il roule au ralenti vers les stands, Alain regarde autour de lui. S'imprègne de cette atmosphère, jouit de la joie ambiante. Il s'en va vers son dernier podium, et une ultime angoisse le trouble. Il ne voudrait pas que la fête soit gâchée. Sur ces trois marches symboliques, il va affronter une fois encore, une fois pour l'éternité, celui qui a peut-être valorisé et donné une autre dimension à la plupart de ses succès, l'inévitable Senna, vainqueur de son dernier Grand Prix chez McLaren. Lui aussi s'en va. Il va d'ailleurs le remplacer chez Williams-Renault pour un dernier chassé-croisé. Ces deux-là semblent avoir du mal à se quitter.
Le moteur de la Williams-Renault s'est arrêté. A l'ombre d'un garage, le silence s'est installé. La voiture du Français s'est glissée aux côtés de la McLaren-Ford du vainqueur. Il y a comme une sorte d'intimité dans ces quelques mètres carrés ombragés. Ayrton Senna a voulu engranger toutes les images et les sensations qu'il va devoir quitter. Enfin, il descend de sa voiture. Il y a l'accolade avec Ron Dennis. Prost fait mine de s'intéresser à un détail technique de la voiture.
De son côté, Senna, une fois son casque retiré et deux larmes écrasées, a tempori-

Double page suivante : Cette fois, c'est fini. L'heure est venue de remballer. Et si l'écurie Williams-Renault nous avait caché qu'elle faisait courir des robots?

PODIUM : A .SENNA, A. PROST, D.HILL

sé. Avec sincérité, il attend Alain Prost pour le féliciter. Il se fend de quelques mots pour son futur équipier Damon Hill, troisième de la course. Mais l'essentiel est bien d'enterrer la hache de guerre avec son grand rival français. Tant de supporters attendent ce geste d'intelligence. Il a lieu devant les télés du monde entier à l'heure de la cérémonie du podium. Senna profite de la main tendue d'Alain Prost pour l'attirer à ses côtés sur la plus haute marche, et ainsi renforcer le symbole d'une évidente passation de pouvoir. Il y a de l'émotion. Alain Prost ne retient de ce dénouement que la satisfaction d'avoir fait triompher *in fine* le sport. Il peut s'en retourner l'âme en paix.

Pour Senna commence une nouvelle vie, c'est lui qui le dit. Pour d'autres pilotes aussi, sauf qu'eux ne l'ont pas toujours choisie. Derek Warwick, le solide et sympathique Britannique, a le sentiment d'avoir disputé son dernier Grand Prix. Il voulait se reconvertir à la Formule Indy, mais cette opportunité ne s'est pas concrétisée. Riccardo Patrese, avec plus de 250 départs en Formule 1, se dit toujours prêt à recommencer. Mais Patrese n'a plus la vélocité d'antan, et il n'est pas certain que sa grande expérience puisse compenser ce manque de rapidité qui accuse le poids des années. Andrea de Cesaris, un autre Italien, n'est pas plus rassuré. L'essentiel de sa carrière est derrière lui. Qu'on lui préfère le Japonais Ukyo Katayama, franchement dénué de talent, ne peut que le bouleverser. Mais l'argent du Japonais pèse plus lourd que n'importe quelle bonne volonté. Tous, en Formule 1, n'ont pas la force de caractère de décrocher de leur plein gré, comme a décidé de le faire Alain Prost, pourtant submergé par les propositions. Certains se disent que la vie est mal faite. Philippe Alliot et son équipier Erik Comas se laissent gagner par la perplexité. Il ne savent pas de quoi demain sera fait. Ils sont habités par la passion de la vitesse. L'un est encore jeune, l'autre n'a pas vu le temps passer. Et ils en sont à s'interroger. Ils peuvent envier Jean Alesi, le successeur désigné de son copain Alain Prost. Confirmé chez Ferrari, il a pour lui le talent et la jeunesse pour prendre la roue de son aîné. Il a lui aussi un rival désigné avec Michael Schumacher, au talent déjà démontré. Et il y a Mika Hakkinen qui aimerait tellement bouleverser l'ordre prêt à s'établir.

La Formule 1 entre dans son hiver avec son lot de transferts, d'espoirs déçus, de pilotes remerciés, ses interminables tractations dans la coulisse, ses bouleversements techniques, ses multiples séances d'essais pour la conquête de nouveaux sommets. Le public a déserté. Le grand cirque est en train d'être replié.

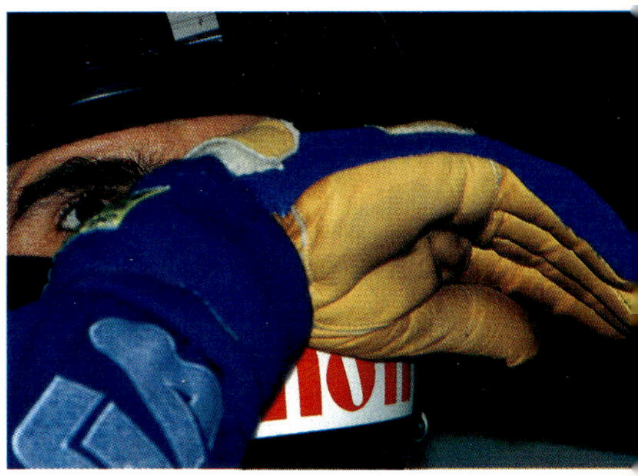

La saison prochaine, Damon Hill devra relever le gant pour afronter le défi que lui fixe Ayrton Senna, son nouvel équipier.

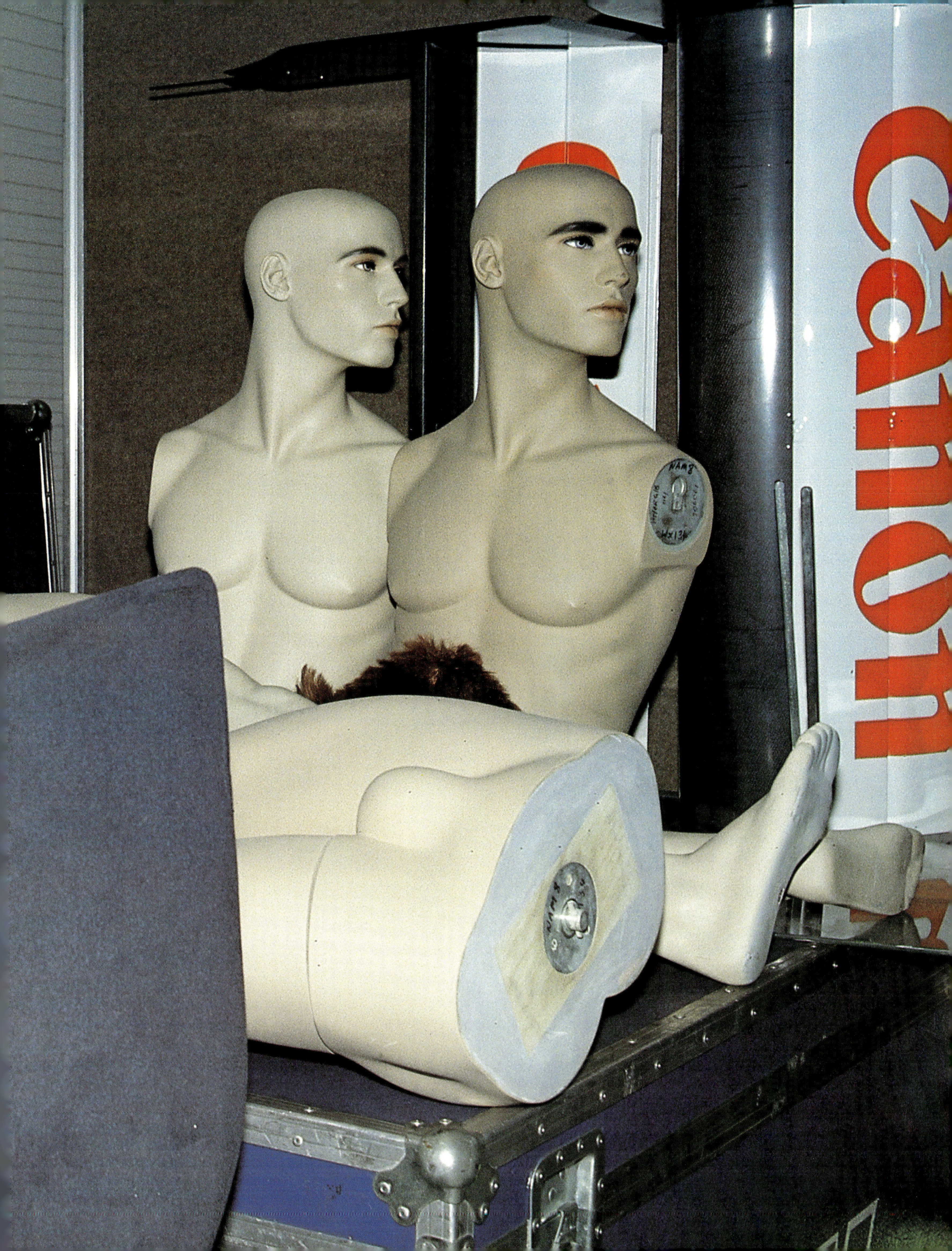
Canon

GRAND PRIX D'AFRIQUE DU SUD Le 14 mars 1993

1re manche du championnat du monde (pilotes et constructeurs)

Nombre de tours *72*
Circuit .... *Kyalami*
Longueur .... *4,261 km*
Distance .... *306,792 km*
Météo .... *Temps couvert*

C L A S S E M E N T

Pilote	*Voiture*	*Temps*
1. PROST (Fra)	Williams-Renault	en 1 h 38'45"082
2. SENNA (Bré)	McLaren-Ford	à 1'19"824
3. BLUNDELL (GB)	Ligier-Renault	à 1 tour
4. FITTIPALDI (Bré)	Minardi-Ford	à 1 tour
5. LEHTO (Fin)	Sauber	à 2 tours
6. BERGER (Aut)	Ferrari	à 3 tours
7. Warwick (GB)	Footwork-Mugen Honda	à 3 tours

GRILLE DE DÉPART

1re ligne :	Prost (1'15"696)	Senna (1'15"784)
2e ligne :	Schumacher (1'17"261)	Hill (1'17"592)
3e ligne :	Alesi (1'18"234)	Lehto (1'18"664)
4e ligne :	Patrese (1'18"676)	Blundell (1'18"687)
5e ligne :	Andretti (1'18"786)	Wendlinger (1'18"950)
6e ligne :	Alliot (1'19"034)	Brundle (1'19"138)
7e ligne :	Fittipaldi (1'19"285)	Barrichello (1'19"305)
8e ligne :	Berger (1'19"386)	Zanardi (1'19"396)
9e ligne :	Herbert (1'19"498)	Capelli (1'19"759)
10e ligne :	Comas (1'20"081)	Suzuki (1'20"237)
11e ligne :	Katayama (1'20"401)	Warwick (1'20"402)
12e ligne :	De Cesaris (1'20"660)	Barbazza (1'20"994)
13e ligne :	Alboreto (1'21"893)	Badoer (1'24"737)

ABANDONS : De Cesaris (Ita, Tyrrell-Yamaha), transmission (au moment du départ). Katayama (Jap, Tyrrell-Yamaha), boîte de vitesses (2e tour). Capelli (Ita, Jordan-Hart), sortie de piste (3e tour). Andretti (USA, Mc Laren-Ford), accrochage avec Warwick (5e tour). Zanardi (Lotus-Ford), accrochage avec Hill (17e tour). Hill (Williams-Renault), accrochage avec Zanardi (17e tour). Badoer (Ita, Lola BMS-Ferrari), boîte de vitesses (21e tour). Suzuki (Jap, Footwork-Mugen Honda), accrochage avec Barbazza (21e tour). Barbazza (Ita, Minardi-Ford), accrochage avec Suzuki (21e tour). Alliot (Fra, Larrousse-Lamborghini), tête-à-queue (28e tour). Alesi (Fra, Ferrari), suspension (31e tour). Barrichello (Bré, Jordan-Hart), boîte de vitesses (32e tour). Wendlinger (Aut, Sauber), problème électronique (34e tour). Herbert (GB, Lotus-Ford), pression d'essence (39e tour). Schumacher (All, Benetton-Ford), tête-à-queue (40e tour). Patrese (Ita, Benetton-Ford), tête-à-queue (47e tour). Comas (Fra, Larrousse-Lamborghini), moteur (56e tour). Alboreto (Ita, Lola BMS-Ferrari), moteur (56e tour). Brundle (GB, Ligier-Renault), tête-à-queue (58e tour).
MEILLEUR TOUR : 1'19"492, Prost (moyenne : 192,970 km/h).
MOYENNE DU VAINQUEUR : 186,403 km/h.

C H A M P I O N N A T

PILOTES : 1. Prost, 10 pts ; 2. Senna, 6 ; 3. Blundell, 4 ; 4. Fittipaldi, 3 ; 5. Lehto, 2 ; 6. Berger, 1.
CONSTRUCTEURS : 1. Williams-Renault, 10 pts ; 2. McLaren-Ford, 6 ; 3. Ligier-Renault, 4 ; 4. Minardi-Ford, 3 ; 5. Sauber, 2 ; 6. Ferrari, 1.

GRAND PRIX DU BRÉSIL Le 28 mars 1993

2e manche du championnat du monde (pilotes et constructeurs)

Nombre de tours **71**
Circuit .... **Interlagos (São Paulo)**
Longueur .... **4,325 km**
Distance .... **307,705 km**
Météo .... **Orages**

C L A S S E M E N T

Pilote	*Voiture*	*Temps*
1. SENNA (Bré)	McLaren-Ford	en 1 h 51'15"485
2. HILL (GB)	Williams-Renault	à 16"625
3. SCHUMACHER (All)	Benetton-Ford	à 45"436
4. HERBERT (GB)	Lotus-Ford	à 46"557
5. BLUNDELL (GB)	Ligier-Renault	à 52"127
6. ZANARDI (Ita)	Lotus-Ford	à 1 tour
7. Alliot (Fra)	Larrousse-Lamborghini	à 1 tour
8. Alesi (Fra)	Ferrari	à 1 tour
9. Warwick (GB)	Footwork-Mugen Honda	à 2 tours
10. Comas (Fra)	Larrousse-Lamborghini	à 2 tours
11. Alboreto (Ita)	Lola BMS-Ferrari	à 3 tours
12. Badoer (Ita)	Lola BMS-Ferrari	à 3 tours

GRILLE DE DÉPART

1re ligne :	Prost (1'15"866)	Hill (1'16"859)
2e ligne :	Senna (1'17"697)	Schumacher (1'17"821)
3e ligne :	Andretti (1'18"635)	Patrese (1'19"049)
4e ligne :	Lehto (1'19"207)	Wendlinger (1'19"230)
5e ligne :	Alesi (1'19"260)	Blundell (1'19"296)
6e ligne :	Alliot (1'19"340)	Herbert (1'19"435)
7e ligne :	Berger (1'19"561)	Barrichello (1'19"593)
8e ligne :	Zanardi (1'19"804)	Brundle (1'19"835)
9e ligne :	Comas (1'19"868)	Warwick (1'20"064)
10e ligne :	Suzuki (1'20"232)	Fittipaldi (1'20"716)
11e ligne :	Badoer (1'20"908)	Katayama (1'20"991)
12e ligne :	De Cesaris (1'21"224)	Barbazza (1'21"228)
13e ligne :	Alboreto (1'21"488)	

NON-QUALIFIÉ : Capelli (Ita, Jordan-Hart), 1'21"789.

ABANDONS : Andretti (USA, McLaren-Ford), accrochage avec Berger au départ. Berger (Aut, Ferrari), accrochage avec Andretti au départ. Barbazza (Ita, Minardi-Ford), accrochage avec Brundle (1er tour). Brundle (GB, Ligier-Renault), tête-à-queue (1er tour). Patrese (Ita, Benetton-Ford), suspension (3e tour). Barrichello (Bré, Jordan-Hart), transmission (13e tour). Katayama (Jap, Tyrrell-Yamaha), accrochage avec Suzuki (27e tour). Suzuki (Footwork-Mugen Honda), accrochage avec Katayama (28e tour). Fittipaldi (Bré, Minardi-Ford), tête-à-queue (29e tour). Prost (Fra, Williams-Renault), tête-à-queue (30e tour). De Cesaris (Ita, Tyrrell-Yamaha), problème électrique (49e tour). Lehto (Fin, Sauber), problème électrique (53e tour). Wendlinger (Aut, Sauber), moteur (62e tour).
MEILLEUR TOUR : 1'20"024, Schumacher (moyenne : 194,567 km/h).
MOYENNE DU VAINQUEUR : 165,601 km/h.

C H A M P I O N N A T

PILOTES : 1. Senna, 16 pts ; 2. Prost, 10 ; 3. Blundell et Hill, 6 ; 5. Schumacher, 4 ; 6. Fittipaldi et Herbert, 3 ; 8. Lehto, 2 ; 9. Berger et Zanardi, 1.
CONSTRUCTEURS : 1. Williams-Renault et McLaren-Ford, 16 pts ; 3. Ligier-Renault, 6 ; 4. Lotus-Ford et Benetton-Ford, 4 ; 6. Minardi-Ford, 3 ; 7. Sauber, 2 ; 8. Ferrari, 1.

GRAND PRIX D'EUROPE

Le 11 avril 1993

3e manche du championnat du monde (pilotes et constructeurs)

Nombre de tours ***76***
Circuit .... ***Donington (Grande-Bretagne)***
Longueur .... ***4,023 km***
Distance .... ***305,748 km***
Météo .... ***Averses***

CLASSEMENT

Pilote	*Voiture*	*Temps*
1. SENNA (Bré)	McLaren-Ford	en 1 h 50'46''570
2. HILL (GB)	Williams-Renault	à 1'23''199
3. PROST (Fra)	Williams-Renault	à 1 tour
4. HERBERT (GB)	Lotus-Ford	à 1 tour
5. PATRESE (Ita)	Benetton-Ford	à 2 tours
6. BARBAZZA (Ita)	Minardi-Ford	à 2 tours
7. Fittipaldi (Bré)	Minardi-Ford	à 3 tours
8. Zanardi (Ita)	Lotus-Ford	à 4 tours
9. Comas (Fra)	Larrousse-Lamborghini	à 4 tours
10. Barrichello (Bré)	Jordan-Hart	à 6 tours
11. Alboreto (Ita)	Lola BMS-Ferrari	à 6 tours

GRILLE DE DÉPART

1re ligne :	Prost (1'10''458)	Hill (1'10''762)
2e ligne :	Schumacher (1'12''008)	Senna (1'12''107)
3e ligne :	Wendlinger (1'12''738)	Andretti (1'12''739)
4e ligne :	Lehto (1'12''763)	Berger (1'12''862)
5e ligne :	Alesi (1'12''980)	Patrese (1'12''982)
6e ligne :	Herbert (1'13''328)	Barrichello (1'13''514)
7e ligne :	Zanardi (1'13''560)	Warwick (1'13''664)
8e ligne :	Alliot (1'13''665)	Fittipaldi (1'13''666)
9e ligne :	Comas (1'13''970)	Katayama (1'14''121)
10e ligne :	Boutsen (1'14''246)	Barbazza (1'14''274)
11e ligne :	Blundell (1'14''301)	Brundle (1'14''306)
12e ligne :	Suzuki (1'14''927)	Alboreto (1'15''322)
13e ligne :	De Cesaris (1'15''417)	

NON-QUALIFIÉ : Badoer (Ita, Lola BMS-Ferrari), 1'15''641.

ABANDONS : Wendlinger (Aut, Sauber), accrochage (1er tour). Andretti (USA, McLaren-Ford), accrochage (1er tour). Brundle (GB, Ligier-Renault), tête-à-queue (8e tour). Katayama (Jap, Tyrrell-Yamaha), embrayage (12e tour). Lehto (Fin, Sauber), comportement (14e tour). Berger (Aut, Ferrari), suspension (20e tour). Blundell (GB, Ligier-Renault), tête-à-queue (21e tour). Schumacher (All, Benetton-Ford), tête-à-queue (23e tour). Alliot (Fra, Larrousse-Lamborghini), tête-à-queue (28e tour). Suzuki (Jap, Footwork-Mugen Honda), boîte de vitesses (30e tour). Alesi (Fra, Ferrari), suspension (37e tour). De Cesaris (Ita, Tyrrell-Yamaha), boîte de vitesses (56e tour). Boutsen (Bel, Jordan-Hart), boîte de vitesses (62e tour). Warwick (GB, Footwork-Mugen Honda), boîte de vitesses (67e tour).
MEILLEUR TOUR : 1'18''029, Senna (moyenne : 185,608 km/h).
MOYENNE DU VAINQUEUR : 165,603 km/h.

CHAMPIONNAT

PILOTES : 1. Senna, 26 pts ; 2. Prost, 14 ; 3. Hill, 12 ; 4. Blundell et Herbert, 6 ; 6. Schumacher, 4 ; 7. Fittipaldi, 3 ; 8. Lehto et Patrese, 2 ; 10. Berger, Barbazza et Zanardi, 1.
CONSTRUCTEURS : 1. McLaren-Ford et Williams-Renault, 26 pts ; 3. Lotus-Ford, 7 ; 4. Ligier-Renault et Benetton-Ford, 6 ; 6. Minardi-Ford, 3 ; 7. Sauber, 2 ; 8. Ferrari, 1.

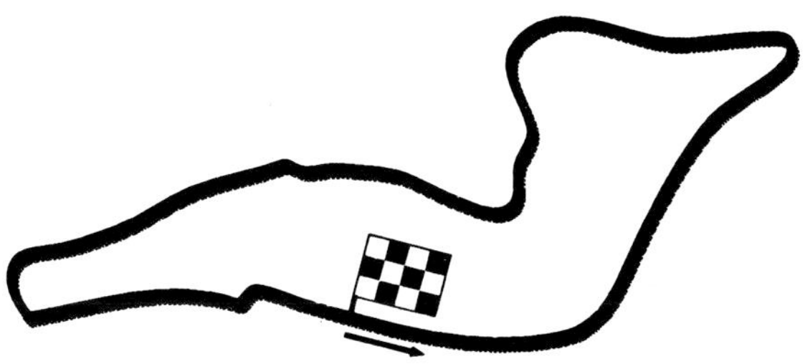

GRAND PRIX DE SAINT-MARIN

Le 25 avril 1993

4e manche du championnat du monde (pilotes et constructeurs)

Nombre de tours ***61***
Circuit .... ***Imola (Circuit Dino Ferrari)***
Longueur .... ***5,040 km***
Distance .... ***307,440 km***
Météo .... ***Humide au départ, puis sec.***

CLASSEMENT

Pilote	*Voiture*	*Temps*
1. PROST (Fra)	Williams-Renault	en 1 h 33'20''413
2. SCHUMACHER (All)	Benetton-Ford	à 32''410
3. BRUNDLE (GB)	Ligier-Renault	à 1 tour
4. LEHTO (Fin)	Sauber	à 2 tours
5. ALLIOT (Fra)	Larrousse-Lamborghini	à 2 tours
6. BARBAZZA (Ita)	Minardi-Ford	à 2 tours
7. BADOER (Ita)	Lola BMS-Ferrari	à 3 tours
8. HERBERT (GB)	Lotus-Ford	à 4 tours
9. SUZUKI (Jap)	Footwork-Mugen Honda	à 7 tours

GRILLE DE DÉPART

1re ligne :	Prost (1'22''070)	Hill (1'22''168)
2e ligne :	Schumacher (1'23''919)	Senna (1'24''007)
3e ligne :	Wendlinger (1'24''720)	Andretti (1'24''793)
4e ligne :	Blundell (1'24''804)	Berger (1'24''822)
5e ligne :	Alesi (1'24''829)	Brundle (1'24''893)
6e ligne :	Patrese (1'24''896)	Herbert (1'25''115)
7e ligne :	Barrichello (1'25''169)	Alliot (1'25''482)
8e ligne :	Warwick (1' 25''901)	Lehto (1'25''941)
9e ligne :	Comas (1'26''279)	De Cesaris (1'26''429)
10e ligne :	Boutsen (1'26''436)	Zanardi (1'26''465)
11e ligne :	Suzuki (1'26''657)	Katayama (1'26''900)
12e ligne :	Fittipaldi (1'27''277)	Badoer (1'27''371)
13e ligne :	Barbazza (1'27''602)	

NON-QUALIFIÉ : Alboreto (Ita, Lola BMS-Ferrari), 1'27''771.

ABANDONS : Blundell (GB, Ligier-Renault), sortie de piste (1er tour). Patrese (Ita, Benetton-Ford), tête-à-queue (1er tour). Boutsen (Bel, Jordan-Hart), problème hydraulique (2e tour). Berger (Aut, Ferrari), boite de vitesses (9e tour). Barrichello (Bré, Jordan-Hart), tête-à-queue (18e tour). De Cesaris (Ita, Tyrrell-Yamaha), boîte de vitesses (19e tour). Comas (Fra, Larrousse-Lamborghini), moteur (19e tour). Hill (GB, Williams-Renault), freins et sortie de piste (21e tour). Katayama (Tyrrell-Yamaha), moteur (23e tour). Warwick (GB, Footwork-Mugen Honda), sortie de piste (30e tour). Andretti (USA, McLaren-Ford), tête-à-queue (33e tour). Fittipaldi (Bré, Minardi-Ford), direction endommagée (37e tour). Alesi (Fra, Ferrari), embrayage (41e tour). Senna (Bré, McLaren-Ford), problème hydraulique (43e tour). Wendlinger (Aut, Sauber), moteur (49e tour). Zanardi (Ita, Lotus-Ford), tête-à-queue et incendie (54e tour).
MEILLEUR TOUR : 1'26''128, Prost (moyenne : 210,663 km/h).
MOYENNE DU VAINQUEUR : 197,625 km/h.

CHAMPIONNAT

PILOTES : 1. Senna (26 pts) ; 2. Prost (24) ; 3. Hill (12) ; 4. Schumacher (10) ; 5. Blundell et Herbert (6) ; 7. Lehto (5) ; 8. Brundle (4) ; 9. Fittipaldi (3) ; 10. Alliot, Patrese et Barbazza (2) ; 13. Berger et Zanardi (1).
CONSTRUCTEURS : 1. Williams-Renault (36 pts) ; 2. McLaren (26) ; 3. Benetton-Ford (12) ; 4. Ligier-Renault (10) ; 5. Lotus-Ford (7) ; 6. Sauber et Minardi-Ford (5) ; 8. Larrousse-Lamborghini (2). 9, Ferrari (1).

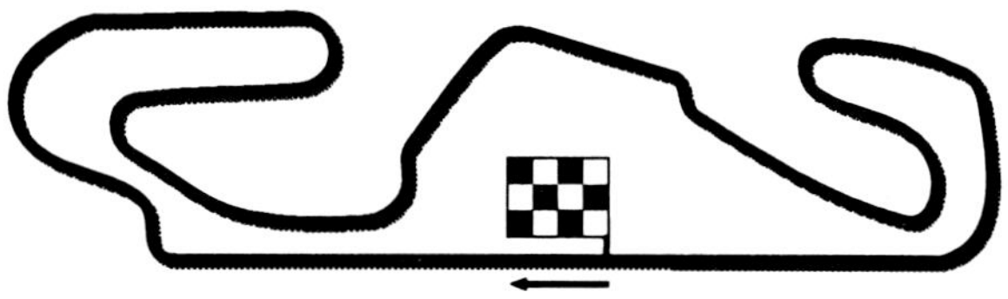

GRAND PRIX D'ESPAGNE

Le 9 mai 1993

5e manche du championnat du monde (pilotes et constructeurs)

Nombre de tours ***6***
Circuit............................... ***Catalunya (Barcelone)***
Longueur .... ***4,747 km***
Distance .... ***308,555 km***
Météo .... ***Temps couvert***

CLASSEMENT

	Pilote	Voiture	Temps
1.	PROST (Fra)	Williams-Renault	en 1 h 32'27''685
2.	SENNA (Bré)	McLaren-Ford	à 16''873
3.	SCHUMACHER (All)	Benetton-Ford	à 27''125
4.	PATRESE (Ita)	Benetton-Ford	à 1 tour
5.	ANDRETTI (USA)	McLaren-Ford	à 1 tour
6.	BERGER (Aut)	Ferrari	à 2 tours
7.	BLUNDELL (GB)	Ligier-Renault	à 2 tours
8.	FITTIPALDI (Bré)	Minardi-Ford	à 2 tours
9.	COMAS (Fra)	Larrousse-Lamborghini	à 2 tours
10.	SUZUKI (Jap)	Footwork-Mugen Honda	à 2 tours
11.	BOUTSEN (Bel)	Jordan-Hart	à 3 tours
12.	BARRICHELLO (Bré)	Jordan-Hart	à 3 tours
13.	WARWICK (GB)	Footwork-Mugen Honda	à 3 tours
14.	ZANARDI (Ita)	Lotus-Ford	à 5 tours

GRILLE DE DÉPART

1re ligne :	Prost (1'17''809)	Hill (1'18''346)
2e ligne :	Senna (1'19''722)	Schumacher (1'20''520)
3e ligne :	Patrese (1'20''600)	Wendlinger (1'21''203)
4e ligne :	Andretti (1'21''360)	Alesi (1'21''767)
5e ligne :	Lehto (1'22''047)	Herbert (1'22''470)
6e ligne :	Berger (1'22''655)	Blundell (1'22''708)
7e ligne :	Alliot (1'22''887)	Comas (1'22''904)
8e ligne :	Zanardi (1'23''026)	Warwick (1'23''086)
9e ligne :	Barrichello (1'23''232)	Brundle (1'23''357)
10e ligne :	Suzuki (1'23''432)	Fittipaldi (1'23''449)
11e ligne :	Boutsen (1'23''464)	Badoer (1'24''268)
12e ligne :	Katayama (1'24''291)	De Cesaris (1'24''358)
13e ligne :	Barbazza (1'24''399)	

NON-QUALIFIÉ : Alboreto (Ita, Lola BMS-Ferrari), 1'25''396.

ABANDONS : Herbert (GB, Lotus-Ford), problème électronique (3e tour). Katayama (Jap, Tyrrell-Yamaha), tête-à-queue (11e tour). Brundle (GB, Ligier-Renault), crevaison (12e tour). Alliot (Fra, Larrousse-Lamborghini), transmission (27e tour). Barbazza (Ita, Minardi-Ford), tête-à-queue (38e tour). Alesi (Fra, Ferrari), moteur (41e tour). Hill (GB, Williams-Renault), moteur (42e tour). De Cesaris (Ita, Tyrrell-Yamaha), drapeau noir (43e tour). Wendlinger (Aut, Sauber), pression d'essence (43e tour). Badoer (Ita, Lola BMS-Ferrari), moteur (44e tour). Lehto (Fin, Sauber), moteur (54e tour).
MEILLEUR TOUR : 1'20''989, Schumacher (moyenne : 211,006 km/h).
MOYENNE DU VAINQUEUR : 200,227 km/h.

CHAMPIONNAT

PILOTES : 1. Prost (34 pts) ; 2. Senna (32) ; 3. Schumacher (14) ; 4. Hill (12) ; 5. Blundell et Herbert (6) ; 7. Lehto et Patrese (5) ; 9. Brundle (4) ; 10. Fittipaldi (3) ; 11. Berger, Barbazza, Alliot et Andretti (2) ; 15. Zanardi (1).
CONSTRUCTEURS : 1. Williams-Renault (46 pts). ; 2. McLaren-Ford (34) ; 3. Benetton-Ford (19) ; 4. Ligier-Renault (10) ; 5. Lotus-Ford (7) ; 6. Minardi-Ford et Sauber (5) ; 8. Ferrari et Larrousse-Lamborghini (2).

GRAND PRIX DE MONACO

Le 23 mai 1993

6e manche du championnat du monde (pilotes et constructeurs)

Nombre de tours ***78***
Circuit .... ***Monaco***
Longueur .... ***3,328 km***
Distance .... ***259,584 km***
Météo .... ***Ensoleillé***

CLASSEMENT

	Pilote	Voiture	Temps
1.	SENNA (Bré)	McLaren-Ford	en 1 h 52'10''947
2.	HILL (GB)	Williams-Renault	à 52''118
3.	ALESI (Fra)	Ferrari	à 1'03''362
4.	PROST (Fra)	Williams-Renault	à 1 tour
5.	FITTIPALDI (Bré)	Minardi-Ford	à 2 tours
6.	BRUNDLE (GB)	Ligier-Renault	à 2 tours
7.	ZANARDI (Ita)	Lotus-Ford	à 2 tours
8.	ANDRETTI (USA)	McLaren-Ford	à 2 tours
9.	BARRICHELLO (Bré)	Jordan-Hart	à 2 tours
10.	DE CESARIS (Ita)	Tyrrell-Yamaha	à 2 tours
11.	BARBAZZA (Ita)	Minardi-Ford	à 3 tours
12.	ALLIOT (Fra)	Larrousse-Lamborghini	à 3 tours
13.	WENDLINGER (All)	Sauber	à 4 tours
14.	BERGER (Aut)	Ferrari	à 8 tours

GRILLE DE DÉPART

1re ligne :	Prost (1'20''557)	Schumacher (1'21''190)
2e ligne :	Senna (1'21''552)	Hill (1'21''825)
3e ligne :	Alesi (1'21''948)	Patrese (1'22''117)
4e ligne :	Berger (1'22''394)	Wendlinger (1'22''477)
5e ligne :	Andretti (1'22''994)	Comas (1'23''246)
6e ligne :	Lehto (1'23''715)	Warwick (1'23''749)
7e ligne :	Brundle (1'23''786)	Herbert (1'23''812)
8e ligne :	Alliot (1'23''907)	Barrichello (1'24''086)
9e ligne :	Fittipaldi (1'24''298)	Suzuki (1'24''524)
10e ligne :	De Cesaris (1'24''544)	
11e ligne :	Blundell (1'24''972)	Katayama (1'25''236)
12e ligne :	Boutsen (1'25''267)	Alboreto (1'26''444)
13e ligne :	Barbazza (1'26''582)	

NON-QUALIFIÉ : Badoer (Ita, Lola BMS-Ferrari), 1'29''613.

ABANDONS : Blundell (GB, Ligier-Renault), séquelles d'une sortie de piste (4e tour). Boutsen (Bel, Jordan-Hart), suspension (13e tour). Lehto (Fin, Sauber), séquelles d'une sortie de piste (24e tour). Alboreto (Ita, Lola BMS-Ferrari), transmission (29e tour). Katayama (Jap, Tyrrell-Yamaha), fuite d'eau (32e tour). Schumacher (All, Benetton-Ford), fuite hydraulique et incendie (33e tour). Warwick (GB, Footwork-Mugen Honda), accélérateur (44e tour). Suzuki (Jap, Footwork-Mugen Honda), séquelles d'une sortie de piste (47e tour). Comas (Fra, Larrousse-Lamborghini), séquelles d'une sortie de piste (52e tour). Patrese (Ita, Benetton-Ford), moteur (54e tour). Herbert (GB, Lotus-Ford), boîte de vitesses/ accrochage (62e tour).
MEILLEUR TOUR : 1'23''604, Prost (moyenne : 143,304 km/h).
MOYENNE DU VAINQUEUR : 138,837 km/h.

CHAMPIONNAT

PILOTES : 1, Senna (42 pts). 2, Prost (37). 3, Hill (18). 4, Schumacher (14). 5, Blundell et Herbert (6). 8, Lehto, Brundle, Fittipaldi et Patrese (5). 11, Alesi (4). 12, Alliot, Andretti, Berger et Barbazza (2). 16, Zanardi (1).
CONSTRUCTEURS : 1. Williams-Renault (55 pts) ; 2. McLaren-Ford (44) ; 3. Benetton-Ford (19) ; 4. Ligier-Renault (11) ; 5. Lotus-Ford et Minardi-Ford (7) ; 7. Ferrari (6) ; 8. Sauber (5). 9. Larrousse-Lamborghini (2).

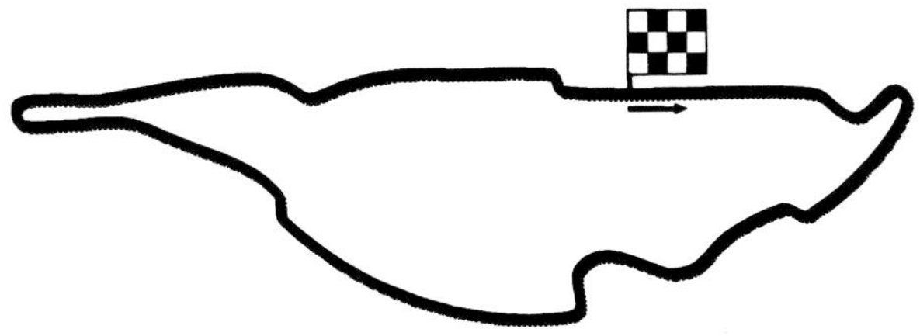

GRAND PRIX DU CANADA

Le 13 juin 1993

7e manche du championnat du monde (pilotes et constructeurs)

Nombre de tours ***69***
Circuit .... ***Gilles-Villeneuve (Montréal)***
Longueur .... ***4,430 km***
Distance .... ***305,670 km***
Météo .... ***Beau temps sec***

CLASSEMENT

	Pilote	*Voiture*	*Temps*
1.	PROST (Fra)	Williams-Renault	en 1 h 36'41"822
2.	SCHUMACHER (All)	Benetton-Ford	à 14"527
3.	HILL (GB)	Williams-Renault	à 52"685
4.	BERGER (Aut)	Ferrari	à 1 tour
5.	BRUNDLE (GB)	Ligier-Renault	à 1 tour
6.	WENDLINGER (All)	Sauber	à 1 tour
7.	LEHTO (Fin)	Sauber	à 1 tour
8.	COMAS (Fra)	Larrousse-Lamborghini	à 1 tour
9.	FITTIPALDI (Bré)	Minardi-Ford	à 2 tours
10.	HERBERT (GB)	Lotus-Ford	à 2 tours
11.	ZANARDI (Ita)	Lotus-Ford	à 2 tours
12.	BOUTSEN (Bel)	Jordan-Hart	à 2 tours
13.	SUZUKI (Jap)	Footwork-Mugen Honda	à 3 tours
14.	ANDRETTI (USA)	McLaren-Ford	à 3 tours
15.	BADOER (Ita)	Lola BMS-Ferrari	à 4 tours
16.	WARWICK (GB)	Footwork-Mugen Honda	à 4 tours
17.	KATAYAMA (Jap)	Tyrrell-Yamaha	à 4 tours
18.	SENNA (Bré)	McLaren Ford	à 7 tours

GRILLE DE DÉPART

1re ligne :	Prost (1'18"987)	Hill (1'19"491)
2e ligne :	Schumacher (1'20"808)	Patrese (1'20"948)
3e ligne :	Berger (1'21"278)	Alesi (1'21"414)
4e ligne :	Brundle (1'21"603)	Senna (1'21"706)
5e ligne :	Wendlinger (1'21"813)	Blundell (1'22"097)
6e ligne :	Lehto (1'22"198)	Andretti (1'22"229)
7e ligne :	Comas (1'22"263)	Barrichello (1'22"509)
8e ligne :	Alliot (1'22"819)	Suzuki (1'22"891)
9e ligne :	Fittipaldi (1'23"119)	Warwick (1'23"185)
10e ligne :	De Cesaris (1'23"185)	Herbert (1'23"223)
11e ligne :	Zanardi (1'23"240)	Katayama (1'23"824)
12e ligne :	Barbazza (1'23"946)	Boutsen (1'23"960)
13e ligne :	Badoer (1'24"357)	

NON-QUALIFIÉ : Alboreto (Ita, Lola BMS-Ferrari), 1'24"382.

ABANDONS : Alliot (Fra, Larrousse-Lamborghini), boîte de vitesses (9e tour). Barrichello (Bré, Jordan-Hart), problèmes électriques (11e tour). Blundell (GB, Ligier-Renault), tête-à-queue (14e tour). Alesi (Fra, Ferrari), moteur (24e tour). Barbazza (Ita, Minardi-Ford), boîte de vitesses (34e tour). De Cesaris (Ita, Tyrrell-Yamaha), tête-à-queue (46e tour). Patrese (Benetton-Ford), crampes (53e tour).
MEILLEUR TOUR : 1'21"500, Schumacher (moyenne : 195,681 km/h).
MOYENNE DU VAINQUEUR : 189,667 km/h.

CHAMPIONNAT

PILOTES : 1. Prost (47 pts) ; 2. Senna (42) ; 3. Hill (22) ; 4. Schumacher (20) ; 5. Brundle (7) ; 6. Blundell et Herbert (6) ; 8. Lehto, Fittipaldi, Patrese et Berger (5) ; 12. Alesi (4) ; 13. Alliot, Andretti et Barbazza (2) ; 16. Zanardi et Wendlinger (1).
CONSTRUCTEURS : 1. Williams-Renault (69 pts) ; 2. McLaren-Ford (44) ; 3. Benetton-Ford (25) ; 4. Ligier-Renault (13) ; 5. Ferrari (9) ; 6. Lotus-Ford et Minardi-Ford (7) ; 8. Sauber (6) ; 9. Larrousse-Lamborghini (2).

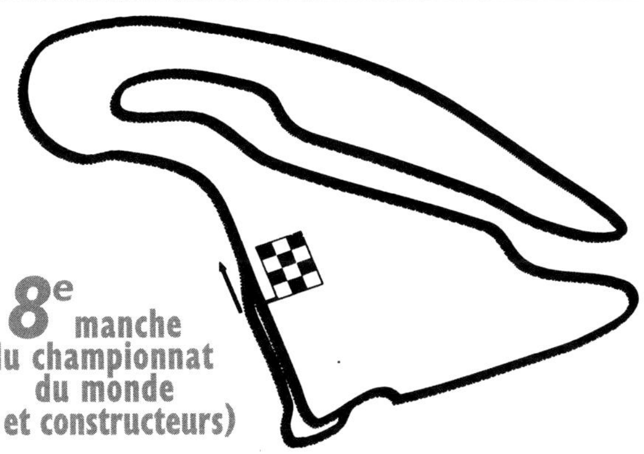

GRAND PRIX DE FRANCE

Le 4 juillet 1993

8e manche du championnat du monde (pilotes et constructeurs)

Nombre de tours ***72***
Circuit .... ***Nevers Magny-Cours***
Longueur .... ***4,250 km***
Distance .... ***306,000 km***
Météo .... ***Beau temps chaud***

CLASSEMENT

	Pilote	*Voiture*	*Temps*
1.	PROST (Fra)	Williams-Renault	en 1 h 38'25"241
2.	HILL (G-B)	Williams-Renault	à 0"342
3.	SCHUMACHER (All)	Benetton-Ford	à 21"209
4.	SENNA (Bré)	McLaren-Ford	à 32"405
5.	BRUNDLE (G-B)	Ligier-Renault	à 33"795
6.	ANDRETTI (USA)	McLaren-Ford	à 1 tour
7.	BARRICHELLO (Bré)	Jordan-Hart	à 1 tour
8.	FITTIPALDI (Bré)	Minardi-Ford	à 1 tour
9.	ALLIOT (Fra)	Larrousse-Lamborghini	à 2 tours
10.	PATRESE (Ita)	Benetton-Ford	à 2 tours
11.	BOUTSEN (Fra)	Jordan-Hart	à 2 tours
12.	SUZUKI (Jap)	Footwork-Mugen Honda	à 2 tours
13.	WARWICK (G-B)	Footwork-Mugen Honda	à 2 tours
14.	BERGER (Aut)	Ferrari	à 2 tours
15.	DE CESARIS (Ita)	Tyrrell-Yamaha	à 4 tours
16.	COMAS (Fra)	Larrousse-Lamborghini	à 6 tours

GRILLE DE DÉPART

1re ligne :	Hill (1'14"382)	Prost (1'14"524)
2e ligne :	Brundle (1'16"169)	Blundell (1'16"203)
3e ligne :	Senna (1'16"264)	Alesi (1'16"662)
4e ligne :	Schumacher (1'16"720)	Barrichello (1'17"168)
5e ligne :	Comas (1'17"170)	Alliot (1'17"190)
6e ligne :	Wendlinger (1'17"315)	Patrese (1'17"362)
7e ligne :	Suzuki (1'17"441)	Berger (1'17"546)
8e ligne :	Warwick (1'17"598)	Andretti (1'17"659)
9e ligne :	Zanardi (1'17"706)	Lehto (1'17"812)
10e ligne :	Herbert (1'17"862)	Boutsen (1'17"997)
11e ligne :	Katayama (1'19"143)	Badoer (1'19"493)
12e ligne :	Fittipaldi (1'19"519)	Barbazza (1'19"691)
13e ligne :	De Cesaris (1'19"856)	

NON-QUALIFIÉS : Alboreto (Ita, Lola BMS-Ferrari), 1'20"130.

ABANDONS : Alesi (Fra, Ferrari), moteur (48e tour). Badoer (Ita, Lola BMS-Ferrari), moteur (29e tour). Wendlinger (Aut, Sauber), boîte de vitesses (26e tour). Lehto (Fin, Sauber), boîte de vitesses (23e tour). Blundell (G-B, Ligier-Renault), sortie de piste (21e tour). Herbert (G-B, Lotus-Ford), sortie de piste (17e tour). Barbazza (Ita, Minardi-Ford), commande de boîte (17e tour). Katayama (Jap, Tyrrell-Yamaha), moteur (10e tour). Zanardi (Ita, Lotus-Ford), suspension (4e tour).
MEILLEUR TOUR : 1'19"256, Schumacher (moyenne : 193,045 km/h).
MOYENNE DU VAINQUEUR : 186,231 km/h.

CHAMPIONNAT

PILOTES : 1. Prost (57 pts) ; 2. Senna (45) ; 3. Hill (28) ; 4. Schumacher (24) ; 5. Brundle (9) ; 6. Blundell et Herbert (6) ; 8. Lehto, Fittipaldi, Patrese et Berger (5); 12. Alesi (4) ; 13. Andretti (3) ; 14. Alliot et Barbazza (2) ; 16. Zanardi et Wendlinger (1).
CONSTRUCTEURS : 1. Williams-Renault (85) ; 2. McLaren-Ford (48) ; 3. Benetton-Ford (29) ; 4. Ligier-Renault (15) ; 5. Ferrari (9) ; 6. Lotus-Ford et Minardi-Ford (7) ; 8. Sauber (6) ; 9. Larrousse-Lamborghini (2).

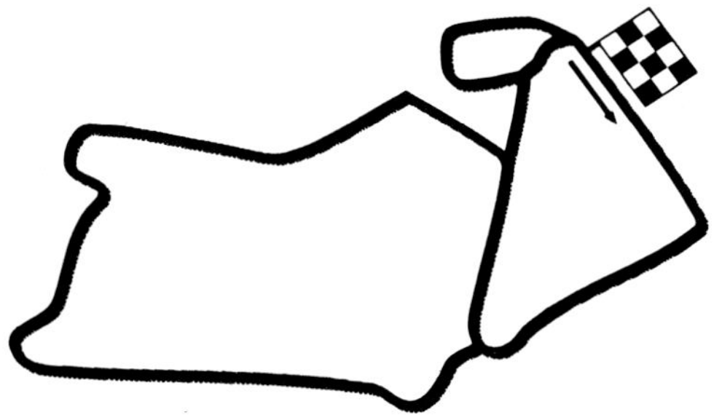

GRAND PRIX DE GRANDE-BRETAGNE — Le 11 juillet 1993

9e manche du championnat du monde (pilotes et constructeurs)

Nombre de tours ***59***
Circuit .... ***Silverstone***
Longueur .... ***5,226 km***
Distance .... ***308,334 km***
Météo .... ***Couvert***

CLASSEMENT

	Pilote	Voiture	Temps
1.	PROST (Fra)	Williams-Renault	en 1 h 25'38''189
2.	SCHUMACHER (All)	Benetton-Ford	à 7''660
3.	PATRESE (Ita)	Benetton-Ford	à 1'17''482
4.	HERBERT (G-B)	Lotus-Ford	à 1'18''407
5.	SENNA (Bré)	McLaren-Ford	à 1 tour
6.	WARWICK (G-B)	Footwork-Mugen Honda	à 1 tour
7.	BLUNDELL (G-B)	Ligier-Renault	à 1 tour
8.	LEHTO (Fin)	Sauber	à 1 tour
9.	ALESI (Fra)	Ferrari	à 1 tour
10.	BARRICHELLO (Bré)	Jordan-Hart	à 1 tour
11.	ALLIOT (Fra)	Larrousse-Lamborghini	à 2 tours
12.	FITTIPALDI (Bré)	Minardi-Ford	à 3 tours
13.	KATAYAMA (Jap)	Tyrrell-Yamaha	à 4 tours
14.	BRUNDLE (G-B)	Ligier-Renault	à 6 tours

GRILLE DE DÉPART

1re ligne :	Prost (1'19''006)	Hill (1'19''134)
2e ligne :	Schumacher (1'20''401)	Senna (1'21''986)
3e ligne :	Patrese (1'22''364)	Brundle (1'22''421)
4e ligne :	Herbert (1'22''487)	Warwick (1'22''834)
5e ligne :	Blundell (1'22''885)	Suzuki (1'23''077)
6e ligne :	Andretti (1'23''114)	Alesi (1'23''203)
7e ligne :	Berger (1'23''257)	Zanardi (1'23''533)
8e ligne :	Barrichello (1'23''635)	Lehto (1'24''071)
9e ligne :	Comas (1'24''139)	Wendlinger (1'24''525)
10e ligne :	Fittipaldi (1'24''664)	Martini (1'24''718)
11e ligne :	De Cesaris (1'25''254)	Katayama (1'25''343)
12e ligne :	Boutsen (1'25''363)	Alliot (1'25''397)
13e ligne :	Badoer (1'26''239)	

NON-QUALIFIÉ : Alboreto (Ita, Lola BMS-Ferrari), 1'26''520.

ABANDONS : Comas (Fra, Larrousse-Lamborghini), arbre de transmission (au départ). Andretti (USA, McLaren-Honda), tête-à-queue (1er tour). Suzuki (Jap, Footwork-Mugen Honda), tête-à-queue (9e tour). Berger (Aut, Ferrari), accélérateur (11e tour). Wendlinger (Aut, Sauber), sortie de piste (25e tour). Martini (Ita, Minardi-Ford), fatigue (32e tour). Badoer (Ita, Lola BMS-Ferrari), problème électrique (33e tour). Boutsen (Bel, Jordan-Hart), roulement (42e tour). Zanardi (Ita, Lotus-Ford), tête-à-queue (42e tour). Hill (G-B, Williams-Renault), moteur (42e tour). De Cesaris (Ita, Tyrrell-Yamaha), arrivé mais non classé (à 16 tours).
MEILLEUR TOUR : 1'22''515, Hill (moyenne : 228,002 km/h).
MOYENNE DU VAINQUEUR : 216,030 km/h.

CHAMPIONNAT

PILOTES : 1 Prost (67 pts) ; 2. Senna (47) ; 3, Schumacher (30) ; 4. Hill (28) ; 5. Herbert, Patrese et Brundle (9) ; 8. Blundell (6) ; 9. Fittipaldi, Lehto et Berger (5) ; 12. Alesi (4) ; 13. Andretti (3) ; 14. Alliot et Barbazza (2) ; 16. Zanardi, Wendlinger et Warwick (1).
CONSTRUCTEURS : 1. Williams-Renault (95 pts) ; 2. McLaren-Ford (50) ; 3. Benetton-Ford (39) ; 4. Ligier-Renault (15) ; 5. Lotus-Ford (10) ; 6. Ferrari (9) ; 7. Minardi-Ford (7) ; 8. Sauber (6) ; 9. Larrousse-Lamborghini (2) ; 10. Footwork-Mugen Honda (1).

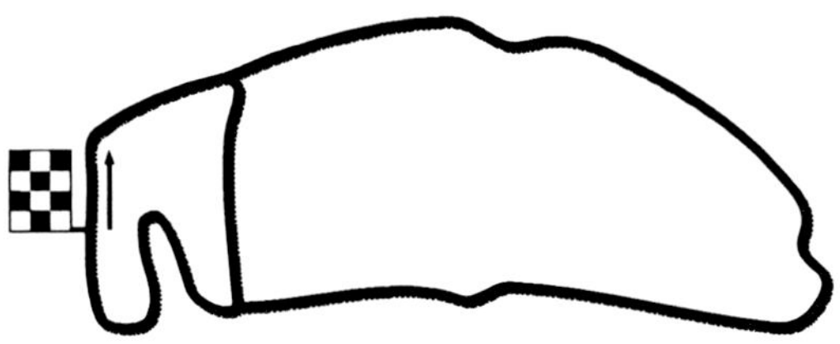

GRAND PRIX D'ALLEMAGNE — Le 25 juillet 1993

10e manche du championnat du monde (pilotes et constructeurs)

Nombre de tours ***45***
Circuit .... ***Hockenheim***
Longueur .... ***6,815 km***
Distance .... ***306,675 km***
Météo .... ***Nuageux***

CLASSEMENT

	Pilote	Voiture	Temps
1.	PROST (Fra)	Williams-Renault	en 1 h 18'40''885
2.	SCHUMACHER (All)	Benetton-Ford	à 16''664
3.	BLUNDELL (G-B)	Ligier-Renault	à 59''349
4.	SENNA (Bré)	McLaren-Ford	à 1'08''229
5.	PATRESE (Ita)	Benetton-Ford	à 1'31''516
6.	BERGER (Aut)	Ferrari	à 1'34''754
7.	ALESI (Fra)	Ferrari	à 1'35''741
8.	BRUNDLE (G-B)	Ligier-Renault	à 1 tour
9.	WENDLINGER (All)	Sauber	à 1 tour
10.	HERBERT (G-B)	Lotus-Ford	à 1 tour
11.	FITTIPALDI (Bré)	Minardi-Ford	à 1 tour
12.	ALLIOT (Fra)	Larrousse-Lamborghini	à 1 tour
13.	BOUTSEN (Bel)	Jordan-Hart	à 1 tour
14.	MARTINI (Ita)	Minardi-Ford	à 1 tour
15.	HILL (G-B)	Williams-Renault	à 2 tours
16.	ALBORETO (Ita)	Lola BMS-Ferrari	à 2 tours
17.	WARWICK (G-B)	Footwork-Mugen Honda	à 3 tours

GRILLE DE DÉPART

1re ligne :	Prost (1'38''748)	Hill (1'38''905)
2e ligne :	Schumacher (1'39''580)	Senna (1'39''616)
3e ligne :	Blundell (1'40''135)	Brundle (1'40''855)
4e ligne :	Patrese (1'41''101)	Suzuki (1'41''138)
5e ligne :	Berger (1'41''242)	Alesi (1'41''138)
6e ligne :	Warwick (1'41''449)	Andretti (1'41''531)
7e ligne :	Herbert (1'41''564)	Wendlinger (1'41''642)
8e ligne :	Zanardi (1'41''858)	Comas (1'41''945)
9e ligne :	Barrichello (1'42''025)	Lehto (1'42''032)
10e ligne :	De Cesaris (1'42''203)	Fittipaldi (1'42''658)
11e ligne :	Katayama (1'42''682)	Martini (1'42''786)
12e ligne :	Alliot (1'42''910)	Boutsen (1'43''007)
13e ligne :	Badoer (1'43''345)	Alboreto (1'44''166)

ABANDONS : Comas (Fra, Larrousse-Lamborghini), boîte de vitesses (1er tour). De Cesaris (Ita, Tyrrell-Yamaha), boîte de vitesses (2e tour). Badoer (Lola BMS-Ferrari), suspension (5e tour). Andretti (USA, McLaren-Ford), direction (5e tour). Suzuki (Jap, Footwork-Mugen Honda), boîte de vitesses (10e tour). Zanardi (Ita, Lotus-Ford), tête-à-queue (20e tour). Lehto (Fin, Sauber), tête-à-queue (23e tour). Katayama (Jap, Tyrrell-Yamaha), tête-à-queue (29e tour). Barrichello (Bré, Jordan-Hart), roulement de roue (35e tour).
MEILLEUR TOUR : 1'41''859, Schumacher (moyenne : 149,665 mph).
MOYENNE DU VAINQUEUR : 145,314 mph.

CHAMPIONNAT

PILOTES : 1. Prost (77 pts) ; 2. Senna (50) ; 3. Schumacher (36) ; 4. Hill (28) ; 5. Patrese (11) ; 6. Blundell (10) ; 7. Herbert et Brundle (9) ; 9. Berger (6) ; 10. Lehto et Fittipaldi (5) ; 12. Alesi (4) ; 13. Andretti (3) ; 14. Alliot et Barbazza (2) ; 16. Zanardi, Warwick et Wendlinger (1).
CONSTRUCTEURS : 1. Williams-Renault (105 pts) ; 2. McLaren-Ford (53) ; 3. Benetton-Ford (47) ; 4. Ligier-Renault (19) ; 5. Lotus-Ford et Ferrari (10) ; 7. Minardi-Ford (7) ; 8. Sauber (6) ; 9. Larrousse-Lamborghini (2) ; 10. Footwork-Mugen Honda (1).

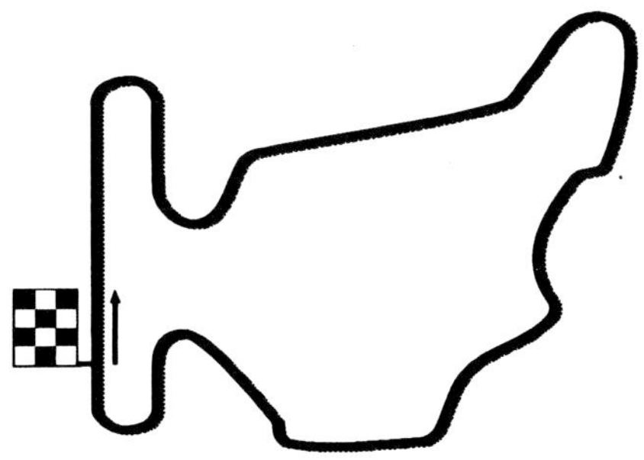

GRAND PRIX DE HONGRIE

Le 15 août 1993

11e manche du championnat du monde (pilotes et constructeurs)

Nombre de tours *77*
Circuit .... *Hungaroring*
Longueur .... *3,968 km*
Distance .... *305,5 km*
Météo .... *Beau temps*

CLASSEMENT

Pilote	Voiture	Temps
1. HILL (G-B)	Williams-Renault	en 1 h 47'39''098
2. PATRESE (Ita)	Benetton-Ford	à 1'11''915
3. BERGER (Aut)	Ferrari	à 1'18''042
4. WARWICK (G-B)	Footwork-Mugen	à 1 tour
5. BRUNDLE (G-B)	Ligier-Renault	à 1 tour
6. WENDLINGER (Aut)	Sauber-Ilmor	à 1 tour
7. BLUNDELL (G-B)	Ligier-Renault	à 1 tour
8. ALLIOT (Fra)	Larrousse-Lamborghini	à 2 tours
9. BOUTSEN (Bel)	Jordan-Hart	à 2 tours
10. KATAYAMA (Jap)	Tyrrell-Yamaha	à 4 tours
11. DE CESARIS (Ita)	Tyrrell-Yamaha	à 5 tours
12. PROST (Fra)	Williams-Renault	à 7 tours

GRILLE DE DÉPART

1re ligne :	Prost (1'14''631)	Hill (1'14''835)
2e ligne :	Schumacher (1'15''228)	Senna (1'16''451)
3e ligne :	Patrese (1'16''561)	Berger (1'16''939)
4e ligne :	Martini (1'17''366)	Alesi (1'17''480)
5e ligne :	Warwick (1'17''682)	Suzuki (1'17''693)
6e ligne :	Andretti (1'18''107)	Blundell (1'18''388)
7e ligne :	Brundle (1'18''392)	Fittipaldi (1'18''446)
8e ligne :	Lehto (1'18''638)	Barrichello (1'18''721)
9e ligne :	Wendlinger (1'18''840)	Comas (1'19''305)
10e ligne :	Alliot (1'19''320)	Herbert (1'19''444)
11e ligne :	Zanardi (1'19''485)	De Cesaris (1'19''560)
12e ligne :	Katayama (1'20''270)	Boutsen (1'20''482)
13e ligne :	Alboreto (1'21''502)	Badoer (1'22''655)

ABANDONS : Barrichello (Bré, Jordan-Hart), accrochage (1er tour). Andretti (USA, McLaren-Ford), accélérateur cassé (15e tour). Senna (Bré, McLaren-Ford), système hydraulique de l'accélérateur défaillant (17e tour). Lehto (Fin, Sauber-Ilmor), moteur (18e tour). Alesi (Fra, Ferrari), accrochage (22e tour). Fittipaldi (Bré, Minardi-Ford), accrochage (22e tour). Schumacher (All, Benetton-Ford), pression d'huile (26e tour). Badoer (Ita, Lola-BMW-Ferrari), tête-à-queue (37e tour). Herbert (G-B, Lotus-Ford), tête-à-queue (38e tour). Alboreto (Ita, Lola-BMS-Ferrari), radiateur (39e tour). Suzuki (Jap, Footwork-Mugen), sortie de piste (41e tour). Zanardi (Ita, Lotus-Ford), boîte de vitesses (45e tour). Comas (Fra, Larrousse-Lamborghini), fuite d'huile (54e tour). Martini (Ita, Minardi-Ford), sortie de piste (59e tour).
MEILLEUR TOUR : 1'19''633, Prost.
MOYENNE DU VAINQUEUR : 170,292 km/h.

CHAMPIONNAT

PILOTES : 1. Prost (77 pts) ; 2. Senna (50) ; 3. Hill (38) ; 4. Schumacher (36) ; 5. Patrese (17) ; 6. Brundle (11) ; 7. Blundell (10) ; 9. Herbert (9) ; 10. Lehto et Fittipaldi (5) ; 12. Alesi et Warwick (4) ; 14. Andretti (3) ; 15. Alliot, Barbazza et Wendlinger (2) ; 18. Zanardi (1).
CONSTRUCTEURS : 1. Williams-Renault (115 pts) ; 2. McLaren-Ford et Benetton-Ford (53) ; 4. Ligier-Renault (21) ; 5. Ferrari (14) ; 6. Lotus-Ford (10) ; 7. Minardi-Ford et Sauber-Ilmor (7) ; 9. Footwork-Mugen (4) ; 10. Larrousse-Lamborghini (2).

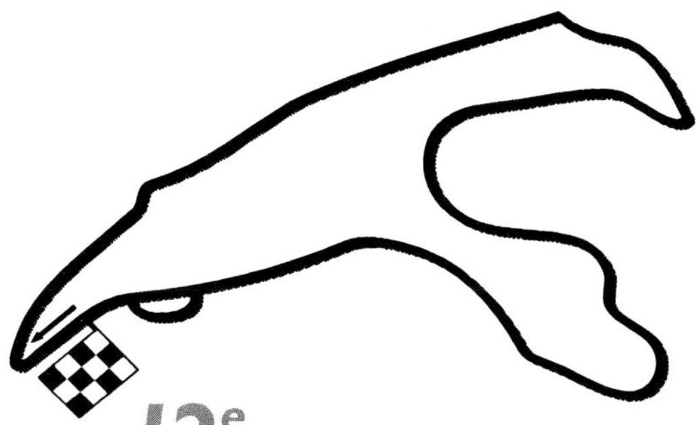

GRAND PRIX DE BELGIQUE

Le 29 août 1993

12e manche du championnat du monde (pilotes et constructeurs)

Nombre de tours *44*
Circuit .... *Spa-Francorchamps*
Longueur .... *6,974 km*
Distance .... *306,8 km*
Météo .... *Beau temps*

CLASSEMENT

Pilote	Voiture	Temps
1. HILL (G-B)	Williams-Renault	1 h 24'32''124
2. SCHUMACHER (All)	Benetton-Ford	à 3''668
3. PROST (Fra)	Williams-Renault	à 14''988
4. SENNA (Bré)	McLaren-Ford	à 1'39''763
5. HERBERT (G-B)	Lotus-Ford	à 1 tour
6. PATRESE (Ita)	Benetton-Ford	à 1 tour
7. BRUNDLE (G-B)	Ligier-Renault	à 1 tour
8. ANDRETTI (USA)	McLaren-Ford	à 1 tour
9. LEHTO (Fin)	Sauber-Ilmor	à 1 tour
10. BERGER (Aut)	Ferrari	à 2 tours
11. BLUNDELL (G-B)	Ligier-Renault	à 2 tours
12. ALLIOT (Fra)	Larrousse-Lamborghini	à 2 tours
13. BADOER (Ita)	Lola-BMS-Ferrari	à 2 tours
14. ALBORETO (Ita)	Lola-BMS-Ferrari	à 3 tours
15. KATAYAMA (Jap)	Tyrrell-Yamaha	à 4 tours

GRILLE DE DÉPART

1re ligne :	Prost (1'47''571)	Hill (1'48''466)
2e ligne :	Schumacher (1'49''075)	Alesi (1'49''825)
3e ligne :	Senna (1'49''934)	Suzuki (1'50''329)
4e ligne :	Warwick (1'50''628)	Patrese (1'51''017)
5e ligne :	Lehto (1'51''048)	Herbert (1'51''139)
6e ligne :	Brundle (1'51''350)	Wendlinger (1'51''440)
7e ligne :	Barrichello (1'51''711)	Andretti (1'51''833)
8e ligne :	Blundell (1'51''916)	Berger (1'52''080)
9e ligne :	De Cesaris (1'52''647)	Alliot (1'52''907)
10e ligne :	Comas (1'53''186)	Boutsen (1'53''465)
11e ligne :	Martini (1'53''526)	Fittipaldi (1'53''942)
12e ligne :	Katayama (1'54''551)	Badoer (1'54''978)
13e ligne :	Alboreto (1'55''965)	

FORFAIT : Zanardi (Ita, Lotus-Ford), suite à une sortie de piste lors des essais libres.

ABANDONS : Boutsen (Bel, Jordan-Hart), boîte de vitesses (1er tour). Alesi (Fra, Ferrari), suspension (4e tour). Barrichello (Bré, Jordan-Hart), roulement de roue (11e tour). Suzuki (Jap, Footwork-Mugen), fuite au circuit hydraulique de boîte de vitesses (14e tour). Martini (Ita, Minardi-Ford), tête-à-queue (15e tour). Fittipaldi (Bré, Minardi-Ford), sortie de piste (15e tour). De Cesaris (Ita, Tyrrell-Yamaha), moteur (24e tour). Wendlinger (Aut, Sauber-Ilmor), moteur (27e tour). Warwick (G-B, Footwortk-Mugen), suspension (28e tour). Comas (Fra, Larrousse-Lamborghini), court-circuit de la pompe à essence (37e tour).
MEILLEUR TOUR : 1'51''095, Prost.
MOYENNE DU VAINQUEUR : 217,795 km/h.

CHAMPIONNAT

PILOTES : 1. Prost (81 pts) ; 2. Senna (53) ; 3. Hill (48) ; 4. Schumacher (42) ; 5. Patrese (18) ; 6. Brundle et Herbert (11) ;8. Blundell et Berger (10) ; 10. Lehto et Fittipaldi (5) ; 12. Alesi et Warwick (4) ; 14. Andretti, Alliot, Barbazza et Wendlinger (2) ; 18. Zanardi (1).
CONSTRUCTEURS : 1. Williams-Renault (129 pts) ; 2. Benetton-Ford (60) ; 3. McLaren-Ford (56) ; 4. Ligier-Renault (21) ; 5. Ferrari (14) ; 6. Lotus-Ford (12) ; 7. Sauber-Ilmor et Minardi-Ford (7) ; 9. Footwork-Mugen (4) ; Larrousse-Lamborghini (2).

GRAND PRIX D'ITALIE

Le 12 septembre 1993

13e manche du championnat du monde (pilotes et constructeurs)

Nombre de tours ***53***
Circuit .... ***Monza***
Longueur .... ***5,8 km***
Distance .... ***307,4 km***
Météo .... ***Beau temps***

CLASSEMENT

	Pilote	Voiture	Temps
1.	HILL (G-B)	Williams-Renault	en 1 h 17'07"509
2.	ALESI (Fra)	Ferrari	à 40"
3.	ANDRETTI (USA)	McLaren-Ford	à 1 tour
4.	WENDLINGER (Aut)	Sauber-Ilmor	à 1 tour
5.	PATRESE (Ita)	Benetton-Ford	à 1 tour
6.	COMAS (Fra)	Larrousse-Lamborghini	à 2 tours
7.	MARTINI (Ita)	Minardi-Ford	à 2 tours
8.	FITTIPALDI (Bré)	Minardi-Ford	à 2 tours
9.	ALLIOT (Fra)	Larrousse-Lamborghini	à 2 tours
10.	BADOER (Ita)	Lola-BMS-Ferrari	à 4 tours
11.	LAMY (Por)	Lotus-Ford	à 5 tours
12.	PROST (Fra)	Williams-Renault	à 5 tours
13.	DE CESARIS (Ita)	Tyrrell-Yamaha	à 6 tours
14.	KATAYAMA (Jap)	Tyrrell-Yamaha	à 6 tours

GRILLE DE DÉPART

1re ligne :	Prost (1'20"575)	Hill (1'21"491)
2e ligne :	Alesi (1'21"986)	Senna (1'22"633)
3e ligne :	Schumacher (1'22"910)	Berger (1'23"150)
4e ligne :	Herbert (1'23"769)	Suzuki (1'23"856)
5e ligne :	Andretti (1'23"899)	Patrese (1'23"918)
6e ligne :	Warwick (1'24"048)	Brundle (1'24"137)
7e ligne :	Lehto (1'24"298)	Blundell (1'24"344)
8e ligne :	Wendlinger (1'24"473)	Alliot (1'24"807)
9e ligne :	Katayama (1'24"886)	De Cesaris (1'24"916)
10e ligne :	Barrichello (1'25"144)	Comas (1'25"257)
11e ligne :	Alboreto (1'25"368)	Martini (1'25"478)
12e ligne :	Apicella (1'25"672)	Fittipaldi (1'25"699)
13e ligne :	Badoer (1'25"957)	Lamy (1'26"324)

ABANDONS : Barrichello (Bré, Jordan-Hart), accrochage (1er tour). Apicella (Ita. Jordan-Hart), accrochage (1er tour). Warwick (G-B, Footwork-Mugen), accrochage (1er tour). Suzuki (Jap, Footwork-Mugen), accrochage (1er tour). Lehto (Fin, Sauber-Ilmor), accrochage (1er tour). Senna (Bré, McLaren-Ford), accrochage (8e tour). Brundle (G-B, Ligier-Renault), accrochage (8e tour). Herbert (G-B, Lotus-Ford), sortie de piste (14e tour). Berger (Aut, Ferrari), capteur électronique (15e tour). Blundell (G-B, Ligier-Renault), sortie de piste (20e tour). Schumacher (All, Benetton-Ford), moteur (21e tour). Alboreto (Ita, Lola-BMS-Ferrari), suspension (23e tour).
MEILLEUR TOUR : 1'23"575, Hill (moyenne : 249,835 km/h).
MOYENNE DU VAINQUEUR : 239,144 km/h.

CHAMPIONNAT

PILOTES : 1. Prost (81 pts) ; 2. Hill (58) ; 3. Senna (53) ; 4. Schumacher (42) ; 5. Patrese (20) ; 6. Brundle (11) ; 7. Herbert (11) ; 8. Alesi (10) ; 9. Blundell (10) ; 10. Berger (10) ; 11. Andretti (7) ; 12. Lehto (5) ; 13. Fittipaldi (5) ; 14. Wendlinger (5) ; 15. Warwick (4) ; 16. Alliot (2) ; 17. Barbazza (2) ; 18. Zanardi et Comas (1).
CONSTRUCTEURS : 1. Williams-Renault (139 pts) ; 2. Benetton-Ford (62) ; 3. McLaren-Ford (60) ; 4. Ligier-Renault (21) ; 5. Ferrari (20) ; 6. Lotus-Ford (12) ; 7. Sauber-Ilmor (10) ; 8. Minardi-Ford (7) ; 9. Footwork-Mugen (4) ; 10. Larrousse-Lamborghini (3).

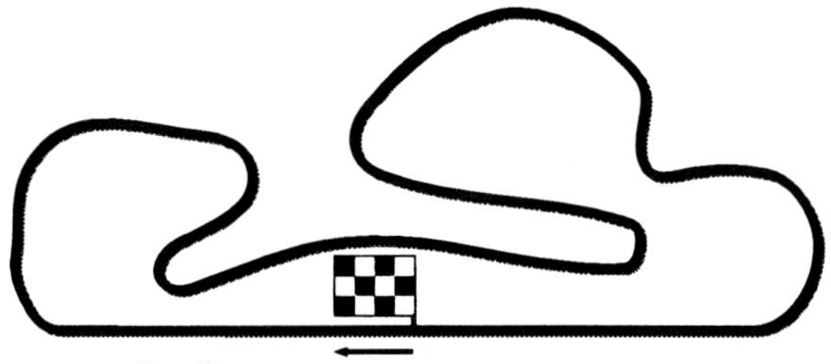

GRAND PRIX DU PORTUGAL

Le 26 septembre 1993

14e manche du championnat du monde (pilotes et constructeurs)

Nombre de tours ***71***
Circuit .... ***Estoril***
Longueur .... ***4,350 km***
Distance .... ***308,85 km***
Météo .... ***Beau temps***

CLASSEMENT

	Pilote	Voiture	Temps
1.	SCHUMACHER (All)	Benetton-Ford	en 1 h 32'46"309
2.	PROST (Fra)	Williams-Renault	à 0"982
3.	HILL (G-B)	Williams-Renault	à 8"206
4.	ALESI (Fra)	Ferrari	à 1'07"605
5.	WENDLINGER (Aut)	Sauber-Ilmor	à 1 tour
6.	BRUNDLE (G-B)	Ligier-Renault	à 1 tour
7.	LEHTO (Fin)	Sauber-Ilmor	à 2 tours
8.	MARTINI (Ita)	Minardi-Ford	à 2 tours
9.	FITTIPALDI (Bré)	Minardi-Ford	à 2 tours
10.	ALLIOT (Fra)	Larrousse-Lamborghini	à 2 tours
11.	COMAS (Fra)	Larrousse-Lamborghini	à 3 tours
12.	DE CESARIS (Ita)	Tyrrell-Yamaha	à 3 tours
13.	BARRICHELLO (Bré)	Jordan-Hart	à 3 tours
14.	BADOER (Ita)	Lola-BMS-Ferrari	à 3 tours
15.	WARWICK (G-B)	Footwork-Mugen	à 8 tours
16.	PATRESE (Ita)	Benetton-Ford	à 8 tours

GRILLE DE DÉPART

1re ligne :	Hill (1'11"494)	Prost (1'11"683)
2e ligne :	Hakkinen (1'12"443)	Senna (1'12"491)
3e ligne :	Alesi (1'13"101)	Schumacher (1'13"403)
4e ligne :	Patrese (1'13"863)	Berger (1'13"933)
5e ligne :	Warwick (1'14"388)	Blundell (1'14"577)
6e ligne :	Brundle (1'14"708)	Lehto (1'14"833)
7e ligne :	Wendlinger (1'15"016)	Herbert (1'15"183)
8e ligne :	Barrichello (1'15"433)	Suzuki (1'15"491)
9e ligne :	De Cesaris (1'15"904)	Lamy (1'15"920)
10e ligne :	Martini (1'15"942)	Alliot (1'16"144)
11e ligne :	Katayama (1'16"186)	Comas (1'16"417)
12e ligne :	Naspetti (1'16"566)	Fittipaldi (1'16"651)
13e ligne :	Alboreto (1'17"118)	Badoer (1'17"739)

ABANDONS : Naspetti (Ita, Jordan-Hart), moteur (8e tour). Katayama (Jap, Tyrrell-Yamaha), tête-à-queue (12e tour). Senna (Bré, McLaren-Ford), moteur (19e tour). Suzuki (Jap, Footwork-Mugen), boîte de vitesses (27e tour). Hakkinen (Fin, McLaren-Ford), sortie de piste (32e tour). Berger (Aut, Ferrari), sortie de piste (35e tour). Alboreto (Ita, Lola-BMS-Ferrari), boîte de vitesses (38e tour). Blundell (G-B, Ligier-Renault), accrochage (51e tour). Herbert (G-B, Lotus-Ford), sortie de piste (60e tour). Lamy (Por, Lotus-Ford), sortie de piste (61e tour). Patrese (Ita, Benetton-Ford), accrochage (63e tour). Warwick (G-B, Footwortk-Mugen), accrochage (63e tour).
MEILLEUR TOUR : 1'11"494, Hill (moyenne : 218,462 km/h).
MOYENNE DU VAINQUEUR : 199,748 km/h.

CHAMPIONNAT

PILOTES : 1. Prost (87 pts), champion du monde 1993 ; 2. Hill (62) ; 3. Senna (53) ; 4. Schumacher (52) ; 5. Patrese (20) ; 6. Alesi (13) ; 7. Brundle (12) ; 8. Herbert (11) ; 9. Blundell et Berger (10) ; 11. Andretti et Wendlinger (7) ; 13. Lehto et Fittipaldi (5) ; 15. Warwick (4) ; 16. Alliot et Barbazza (2) ; 18. Zanardi et Comas (1).
CONSTRUCTEURS : 1. Williams-Renault (149 pts), champion du monde 1993 ; 2. Benetton-Ford (72) ; 3. McLaren-Ford (60) ; 4. Ferrari (23) ; 5. Ligier-Renault (22) ; 6. Lotus-Ford et Sauber-Ilmor (12) ; 8. Minardi-Ford (7) ; 9. Footwork-Mugen (4) ; 10. Larrousse-Lamborghini (3).

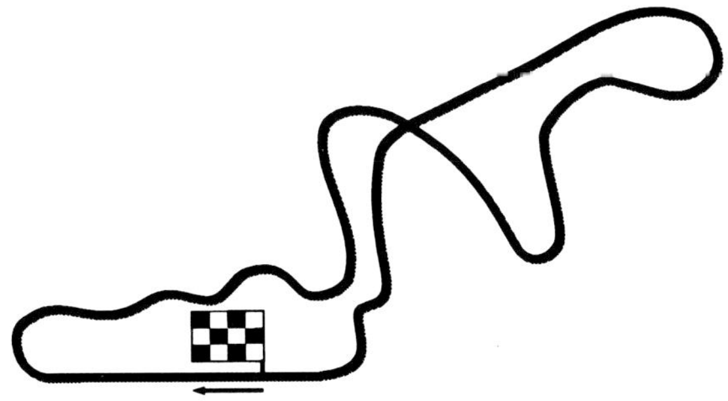

GRAND PRIX DU JAPON

Le 24 octobre 1993

15ᵉ manche du championnat du monde (pilotes et constructeurs)

***Nombre de tours** 53*
***Circuit** ....Suzuki*
***Longueur** ....5,864 km*
***Distance** ....310,792 km*
***Météo** ....orageux*

CLASSEMENT

	Pilote	*Voiture*	*Temps*
1.	SENNA	McLaren-Ford	en 1h40'27''912
2.	PROST	Williams-Renault	à 11''435
3.	HAKKINEN	McLaren-Ford	à 26''129
4.	HILL	Williams-Renault	à 1'23''538
5.	BARRICHELLO	Jordan-Hart	à 1'35''101
6.	IRVINE	Jordan-Hart	à 1'41''421
7.	Blundell	Ligier-Renault	à 1 t
8.	Lehto	Sauber-Ilmor	à 1 t
9.	Brundle	Ligier-Renault	à 2 t
10.	Martini	Minardi-Ford	à 2 t
11.	Herbert	Lotus-Ford	à 2 t
12.	T. Suzuki	Larrousse-Lamborghini	à 2 t, etc.

GRILLE DE DÉPART

1ᵉʳ ligne :	Prost (1'37''154)	Senna(1'37''284)
2ᵉ ligne :	Hakkinen (1'37''326)	Schumacher (1'37''530)
3ᵉ ligne :	Berger (1'37''622)	Hill (1'38''352)
4ᵉ ligne :	Warwick (1'38''780)	Irvine (1'38''966)
5ᵉ ligne :	A. Suzuki (1'39''278)	Patrese (1'39''291)
6ᵉ ligne :	Lehto (1'39''391)	Barrichello (1'39''426)
7ᵉ ligne :	Katayama· (1'39''511)	Alesi (1'39''535)
8ᵉ ligne :	Brundle (1'39''951)	Wendlinger (1'40''153)
9ᵉ ligne :	Blundell (1'40''696)	De Cesaris (1'40''696)
10ᵉ ligne :	Herbert (1'41''488)	Lamy (1'41''600)
11ᵉ ligne :	Comas (1'41''769)	Martini (1'41''989)
12ᵉ ligne :	T. Suzuki (1'42''175)	Gounon (1'43''812)

ABANDONS : De Cesaris, accrochage avec Martini (1ᵉʳ tour). Alesi, problèmes électroniques (7ᵉ tour). Schumacher, percute Hill (10ᵉ tour). Comas, pression d'huile moteur (17ᵉ tour). Wendlinger, accélérateur bloqué (25ᵉ tour). Gounon, décision de l'équipe Minardi (26ᵉ tour). Katayama, moteur (26ᵉ tour). A.Suzuki, tête à queue (28ᵉ tour). Berger, moteur (40ᵉ tour). Patrese, sortie de piste (45ᵉ tour). Warwick, accrochage avec Irvine (48ᵉ tour). Lamy, sortie de piste (49ᵉ tour). Brundle, accrochage avec Lehto (52ᵉ tour).
MEILLEUR TOUR : Prost 1'41''176
MOYENNE DU VAINQUEUR : 185.612 km/h

CHAMPIONNAT

PILOTES : 1. Prost, 93 pts ; 2. Hill, 65 pts ; 3. Senna, 63 pts ; 4. Schumacher, 52 pts ; 5. Patrese, 20 pts ; 6. Alesi 13 pts ; 7. Brundle, 12 pts ; 8. Herbert, 11 pts ; 9. Blundell, 10 pts ; Berger 10 pts ; 11. Andretti, 7 pts ; Wendlinger, 7 pts ; 13. Fittipaldi, 5 pts ; Lehto, 5 pts ; 15. Hakkinen, 4 pts; Warwick, 4 pts; 17. Alliot, 2; Barrichello, 2 pts; Barbazza, 2 pts; 20. Zanardi, 1pt; Comas, 1pt; Irvine, 1pt.
CONSTRUCTEURS1. Williams-Renault, 158 pts; 2. McLaren-Ford, 74 pts; 3. Benetton-Ford, 72 pts; 4. Ferrari, 23 pts; 5. Ligier-Renault, 22 pts; 6. Lotus-Ford, 12 pts; Sauber-Ilmor, 12 pts; 8. Minardi-Ford, 7pts; 9. Footwork-Mugen, 4 pts; 10. Larrousse-Lambo, 3 pts; Jordan-Hart 3 pts.

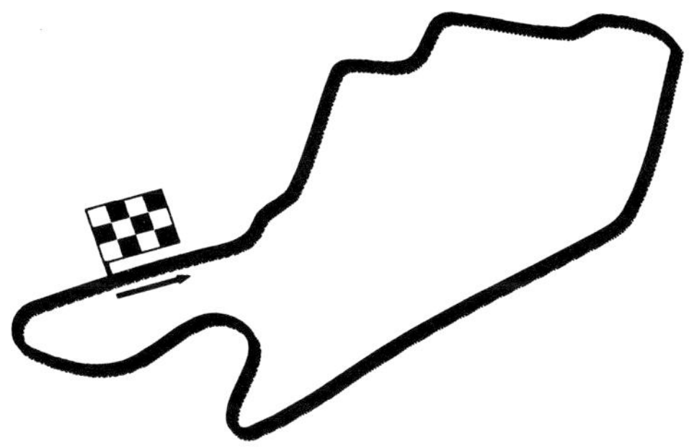

GRAND PRIX D'AUSTRALIE

Le 7 novembre 1993

16ᵉ manche du championnat du monde (pilotes et constructeurs)

***Nombre de tours** 79*
***Circuit** ....Adélaïde*
***Longueur** ....3,780 km*
***Distance** 298,620km*
***Météo** ....Beau temps*

CLASSEMENT

	Pilote	*Voiture*	*Temps*
1.	SENNA	McLaren-Ford	en 1h43'27''476
2.	PROST	Williams-Renault	à 9''259
3.	HILL	Williams-Renault	à 33''902
4.	ALESI	Ferrari	à 1t.
5.	BERGER	Ferrari	à 1 t.
6.	BRUNDLE	Ligier-Renault	à 1 t.
7.	A. Suzuki	Footwork-Mugen	à 1 t.
8.	Patrese	Benetton-Ford	à 2 t
9.	Blundell	Ligier-Renault	à 2 t
10.	Warwick	Footwork-Mugen	à 2 t.
11.	Barrichello	Jordan-Hart	à 3 t
12.	Comas	Larrousse-Lamborghini	à 3 t.
13.	DE Cesaris	Tyrrell-Yamah	à 4 t
14.	T. Suzuki	Larrousse-Lamborghini	à 5 t.
15.	Wendlinger	Sauber-Ilmor C12	à 6 t.

GRILLE DE DÉPART

1ʳᵉ ligne :	Senna (1'13''371)	Prost (1'13''807)
2ᵉ ligne :	Hill (1'13''826)	Schumacher (1'14''098)
3ᵉ ligne :	Hakkinen (1'14''106)	Berger (1'14''194)
4ᵉ ligne :	Alesi (1'15''332)	Brundle (1'16''022)
5ᵉ ligne :	Patrese (1'16''077)	A. Suzuki (1'16''079)
6ᵉ ligne :	Wendlinger (1'16''106)	Lehto (1'16''286)
7ᵉ ligne :	Barrichello (1'16''459)	Blundell (1'16''469)
8ᵉ ligne :	De Cesaris(1'16''892)	Martini (1'16''905)
9ᵉ ligne :	Warwick (1'16''919)	Katayma (1'17''018)
10ᵉ ligne :	Irvine (1'17''341)	Herbert (1'17''450)
11ᵉ ligne :	Comas (1'17''750)	Gounon (1'17''754)
12ᵉ ligne :	Lamy (1'19''369)	T. Suzuki (1'21''793)

ABANDONS : Lamy, accrochage (1ᵉʳ tour).Martini, fourchette de boîte (5ᵉ tour). Herbert, suspension (9ᵉ tour). Irvine, (freins (10ᵉ tour). Katayama, suspension cassée (11ᵉ tour). Schumacher, moteur (19ᵉ tour), Hakkinen freins (28ᵉ tour). Gounon, tête-à-queue (34e tour). Lehto, sortie (56ᵉ tour).
MEILLEUR TOUR : Hill 1'15''381
MOYENNE DU VAINQUEUR : 173,183 km/h

CHAMPIONNAT

Pilotes : 1. Prost, 99 pts; 2. Senna, 73 pts; 3. Hill, 69 pts; 4. Scbumacher, 52 pts; 5. Patrese, 20 pts; 6. Alesi, 16 pts; 7. Brundle, 13 pts; 8. Berger, 12 pts; 9. Herbert, 11pts; 10. Blundell, 10 pts; 11. Andretti, 7 pts; Wendlinger, 7 pts; 13. Fittippaldi, 5pts; Lehto, 5pts; 15. Hakkinen, 4 pts; Warwick, 4 pts; 17. Alliot, 2 pts; Barrichello, 2 pts; Barbazza, 2 pts; 20. Zanardi, 1 pt; Comas, 1 pt; Irvine, 1pt.
CONSTRUCTEURS : 1. Williamt-Renault, 168 pts; 2. McLaren-Ford, 84 pts; 3. Benetton-Ford, 72 pts; 4. Ferrari, 28pts; 5. Ligier-Renault, 23pts; 6. Lotus-Ford, 12pts; Sauber-Ilmo,12pts; 8. Minardi-Ford, 7pts; 9. Footwork-Mugen, 4pts; 10. Larrousse-Lambo, 3Jordan-Hart 3.

Canon
CAMEL
elf
RENAULT
Canon
SEGA
Bull
Bull

Jean-Marc Loubat tient à remercier
Guy Dassonville, Annie Rémy et Daniel Quint (Club Pro Canon).

Matériel photo utilisé :
boîtiers : Canon EOS 1 et EOS 5,
objectifs : 14 mm f 2,8 - 20-35 mm f 2,8 - 28-80 f 2,8 - 80-200 f 2,8 - 300 mm f 4 - 500 mm f 4,5.

Canon

Les images de ce livre ont été réalisées sur film Fuji Velvia et RDP 100 ASA.

Un remerciement particulier à Luc Rousselle et Delphine Collet de l'agence Gamma.

Les photos de cet ouvrage sont disponibles à l'agence Gamma,
70, rue Jean Bleuzen, 92170 Vanves - tél.: 41 23 77 00, fax.: 41 23 77 77

Réalisé par Copyright pour les éditions Calmann-Lévy
Conception: Jacques Hennaux
Maquette: Fred Jouas
Montage: Christine Comte et Michèle Blumental
Achevé d'imprimer en novembre 1993

Shell
BOSS
Marlboro
Ford
elf
GITANES BLONDES
RENAULT
NACIONAL
Castrol
LOCTITE
HITACHI
KOMATSU
GALP
SASOL
BARCLAY
ULIVETO
NISMO
ARISCO
ButanGas
elf MINOL
CABIN
YAMAHA
CALBEE
BP
mizuno
auto motor und sport
König
JOOP!
GOOD YEAR
Footwork
sparco